Elements of Dutch Grammar

J. M. Hoogvliet

Alpha Editions

This Edition Published in 2020

ISBN: 9789354213359

Design and Setting By
Alpha Editions
www.alphaedis.com
Email – info@alphaedis.com

As per information held with us this book is in Public Domain.
This book is a reproduction of an important historical work. Alpha Editions
uses the best technology to reproduce historical work in the same manner
it was first published to preserve its original nature. Any marks or number
seen are left intentionally to preserve its true form.

PREFACE.

The fifth edition of this book was almost entirely like the fourth, not so this sixth edition, which has indeed undergone such a good deal of alterations and enlargements as might make it appear to be quite a brannew work apart.

Every part of the grammar has been thoroughly revised according to the wants and interests of the present day — A pretty complete list of Dutch proverbial and other expressions has been added, and at the end of the book the reader will be agreeably surprised in finding a sufficient number of English translations from pieces of the Chrestomathy (both prose and poetry) which all former editions stood in want of and for the composition of which I am indebted to my sister, Elisabeth Hoogvliet, teacher of the English language.

My preface might end here, if I did not feel it incumbent on me, by a few words to express my thankfulness for those many flattering and encouraging signs of sympathy, which were sent to me by English and American readers of the 4th and 5th editions of this little book. From one of these letters, which is written in an agreeable witty style, and which procured me a great deal of pleasure in reading, I cannot help quoting a few passages here.

PREFACE.

Mr. S . . . . retired Surveyor General of one of the principal English colonies wrote as follows:

I have been reading your *Elements of Dutch Grammar* with considerable profit and interest. You have (according to my view at least) by no means overestimated the excellencies of the Dutch language. It has powers which German is deficient in. In poetry it has a charm and pathos which appears to me almost unique. The Germans borrow from Greek and Latin many words which the Dutch construct entirely from Dutch roots. For example *sterrekunde, aardrijkskunde, wijsbegeerte* are clear definite terms intelligible to every one, more so than *Astronomie, Geographie* and *Philosophie.*

. . . .

The 4 Gospels, the Epistles of St. Paul, the Psalms of David, etc. are in my view unsurpassed in the Dutch language. And many other instances might be noted.

. . . .

I would go a little farther than you venture to do and assert with some degree of confidence that German is a dialect of Dutch etc.

But now I must really make an end of my preface. May our little book speak for itself and may it continue to be honored with the sympathy of the British, American and British-colonial public.

Dr. J. M. HOOGVLIET.

ROTTERDAM, December 1897.

TABLE OF CONTENTS.

	PAGE
INTRODUCTION...................	1

A. PRACTICAL PART............... 5
    § I. Pronunciation................ 5
          Reading-exercise with interlineary pronunciation................ 13
    § II. Most elementary principles of grammar... 14
    § III. The parable of the vineyard......... 31
    § IV. Parsing of the parable of the vineyard... 32
    § V. On spelling................ 36

B. THEORETICAL PART............. 41
    CHAPTER I. The substantive......... 41
        „ II. The adjective........... 48
        „ III. The verb. I............ 51
        „ IV. „ „ II............ 56
        „ V. The numeral and the adverb... 66
        „ VI. Prepositions and conjunctions... 69
        „ VII. Syntax............... 74

C. READING, WRITING and SPEAKING EXERCISES. 78
    I. Translating from dutch into english..... 78
    II. „ „ english into dutch..... 86
    III. Familiar phrases................ 95

TABLE OF CONTENTS.

	PAGE
APPENDIX	102
KEY TO THE EXERCISES	102
D. CHRESTOMATHY	109
(SELECTION OF PROSE AND POETRY FROM THE BEST MODERN AUTHORS)	109
HILDEBRAND. Keesjen	109
Notes belonging to KEESJEN of HILDEBRAND	112
J. V. LENNEP. Eene inleiding van Mejuffrouw Stauffacher	114
E. J. HASEBROEK. Zusters van barmhartigheid	118
H. CONSCIENCE. Terugkomst van de Fransche kostschool	119
W. A. VAN REES. De dood van een braaf soldaat	122
C. E. VAN KOETSVELD. De rentenier van het dorp	128
C. BUSKEN HUET. Eene stiefmoeder	133
DE OUDE HEER SMITS. Wie is het?	136
P. VAN LIMBURG BROUWER. Kapitein van Berkel	139
W. J. HOFDIJK. Een avond op de heide	143
G. KELLER. Tusschen Zweden en Noorwegen	145
TRANSLATION OF SOME OF THE PROSE PIECES	148
W. A. VAN REES. The death of an honest soldier	148
DE OUDE HEER SMITS. (*Lindo*). Who is he?	154
H. CONSCIENCE. Return from the French Boarding-school	157
C. E. VAN KOETSVELD. The *rentier* of the Village	160
W. J. HOFDIJK. An evening on the heath	165
C. BUSKEN HUET. A step-mother	167
CHRESTOMATHY, POETRY, WITH ENGLISH TRANSLATION	171
P. A. DE GÉNESTET. Zachtheid	172
P. A. DE GÉNESTET. Gentleness	173
P. A. DE GÉNESTET. Gemis	174

	PAGE
P. A. DE GÉNESTET. Gone	175
Wat is het leven? Naar het Engelsch van ***	176
What is life? By ***	177
A. DES AMORIE VAN DER HOEVEN. Plotseling sterven	178
A. DES AMORIE VAN DER HOEVEN. A sudden death	181
P. A. M. BOELE VAN HENSBROEK. Aan Bianca	184
P. A. M. BOELE VAN HENSBROEK. To Bianca	185
D. DORBECK. Een lied van bloemen	186
D. DORBECK. A song of flowers	188

EXAMPLE OF A DUTCH NEWSPAPER-ARTICLE. . 190
  ENGELSCHE KRONIEK. Een zomerachtige winter. — De groote brand te Londen. — Betaling van straat- of plaatsnamen in telegrammen 190

SOME PECULIAR DUTCH EXPRESSIONS WITH THEIR EQUIVALENTS IN ENGLISH 194
  A few Dutch proverbs, which have equivalents in English 204

INTRODUCTION.

The Dutch language is spoken throughout the Kingdom of the Netherlands and in the Northern and Western parts of Belgium, besides by the civilized population of the Dutch colonies. In dialectical form the Dutch language extends far beyond the boundary-line of the Netherlands. Dialects of striking likeness to Dutch are spoken in the whole Western part of Prussia and along the coast of the Baltic. Moreover, at the Northern border of France, there is a narrow track of land, where a Dutch dialect is spoken until now. Then, in South-Africa the well-known „boers" speak also Dutch, though in a somewhat barbarous dialectical form.

Dutch has the greatest affinity to the Low Dutch dialects in Germany, to English and to Friesic (a special language spoken in Friesland, one of the Dutch provinces in the N.E. part of the country, and on several islands along the neighbouring [Dutch and German] coast of the *North Sea*). Together with these languages it constitutes the group of the *West-Germanic languages*. A more distant relation it has to the High Dutch or German and to the Scandinavian languages (Swedish, Danish, Norwegian and Icelandic), which all make part of the *Germanic* or *Teutonic family*, a division of the extensive class of the *Indo-European*, or *Arian languages*.

Of the above mentioned results, that a scientific student of the Dutch language will have to compare it, among the *living* languages, before all with the Low Dutch in Germany, with Friesic and with English, in the second place with the other Germanic languages, as German, Swedish, Icelandic etc. It is, however, noticeable, that for the present time the Dutch language is in appearance more like German than like English. The principal cause of this phenomenon, no doubt, is, that the English has changed very much in the last ten centuries and accepted a great deal of Roman and other words and expressions, whereas Dutch, especially literary and scientific language, during the last two or three hundred years at least, has been much under the influence of the High-German pattern. In the meantime the near relation between English and Dutch may be easily shown even now, when phrases are formed with exclusively Saxon (Teutonic) words, ex. gr. „*that is good*" is in Dutch „*dat is goed*" (*oe* sounds as the English *oo*), whereas the German say: „*Das ist gut.*" In the same way, the Dutch: „*Waar is mijn dochter?*" is much nearer to the English: *Where is my daughter?* than to the German: *Wo ist meine Tochter?* etc. etc. Nay, more striking examples of likeness might be quoted still. So f.i. when an Englishman would say to a friend of his: *Come here now, Peter, will yer, it is so cool here in the boat. Do come here!* every letter of this speech would be perfectly intelligible to the first best street-Arab in Holland.

The truth of this, however, is far more clearly visible, when the English tongue is considered in its ancient original form, in which it is generally called the *Anglo-Saxon language*. In that language the four words: „*Where is my daughter?*" sounded *Hwar is min dohtor?* (pronunciation almost entirely as the Dutch words: *Waar is mijn dochter?*).

The biblical phrase: „*I say to you, that it is allowed to do well on restdays*" was Anglo-Saxon: „*Ic secge eow, that hit a-lŷfed is on restedagum wel tô dônne*" and it *is* Dutch: „*Ik zeg* (Medieval D.: *Ic segghe*) *u, dat het* (ge)*oorloofd is op rustdagen wel te doen* (M. D.: *te doene*)." etc. etc.

Some notion of Dutch will prove very useful to any Englishman desiring to get a clear idea about the nature of his own language; to a *scientific* student of English and Anglo-Saxon we dare say it is an *indispensable support*, although this necessity is not generally admitted. It is indeed curious to see, how in works on Anglo-Saxon and Medieval English German words are quoted as a rule [1]), whilst the Dutch (especially the Medieval Dutch) forms are often more fit to serve as examples.

The ignorance of our language abroad is so great, that all sorts of untrue reports spread about by ignorants have become generally current and pass for proved facts. In this manner a prejudice against our language has been formed, which it is very difficult to take away.

Some pretend, that Dutch is a mere dialect of German (although the form of its words is very often nearer to the ancient Germanic languages than that of the German equivalents), others, that it is after all but a bad compound of French, German and English (the truth is, that on the contrary modern German is a mixture of High and Low Dutch, whereas our language is a *pure* Low Dutch idiom), others still, that civilized Dutchmen always speak French or German, when they have anything of importance to say (a barefaced lie) [1]).

---

[1]) In the last years a favourable change in this respect may be stated. In many English works articles appeared, in which the Dutch language and literature were spoken of in a more respectful manner.

Another reproach, which is often made to the Dutch language, is, that it has a rough and disagreeable pronunciation. As to this point, we are willing to agree, that the Italian, French and Swedish languages are much weaker and more melodious for the ear than ours, but that it would even be less agreeable than the other European languages as German, English, Danish, Spanish, Russian or modern Greek is hardly true. In judging this matter, it is to be observed, that those unfavourable reports have been spread about by travellers, who, *not* understanding the language, had no opportunity to get acquainted with the real conversational language as it is spoken by the better families. We need not say, that there is a difference and a rather great difference between the Dutch language spoken by a porter at the Amsterdam railway station, and the Dutch language spoken by a civilized gentleman or lady in the Hague or Arnhem.

„Onbekend onbemind" (unknown unloved) says our proverb,—the truth of which appears in this very matter. The Dutch language, we dare say, is too often treated in a contemptuous manner *only* because too seldom anyone takes the trouble to study it.

This little book will, I hope, prove to be a good and a practical guide to the knowledge of our dear language, „de taal zoo krachtig, rijk en schoon, prinses van alle talen" (the language energetical, rich and beautiful, the princess of all languages) as one of our poets says. This fourth edition of the *Elements of Dutch grammar* is entirely different from the third. The first part of the book is completely new, and so are several articles of the grammar, etc.

A key to the English-Dutch exercises (a very necessary thing) has been added, etc. etc.

LEIDEN, March 1887.   DR. J. M. HOOGVLIET.

A.

PRACTICAL PART.

In writing Dutch the following letters are used: *a, b, c, d, e, f, g, h, i, j, k, l, m, n, o, p, r, s, t, u, v, w, ij, z.* Of these *b, c, d, f, h, k, l, m, n, p, t, v, z* are pronounced as in English with some trifling differences. [1]

§ I.

PRONUNCIATION.

1. A vowel ending a syllable is always pronounced long in Dutch, ex. gr. (zij) *nā-men*, (they) took, *ve-le* (many), *Lī-ze* (Eliza), *zō-nen* (sons), *ver-hū-ren* (to let out).

Except only *e*, when the syllable ended by it has not the stress, as in *án-dĕ-rĕ* (other), or in monosyllabic words having no stress at all, as the article *dĕ* (the) and the pronouns *wĕ* [without emphasis i. st. of *wij* (we)], *ge* [i. st.

---

[1] A curious „alphabetical sentence" in which the whole lot of the 24 letters of the Dutch alphabet are employed without any repetition of the same letter, is the following:
    Job Zwamp schrijft vlug en dik.
(Job Swamp is writing thick (characters) at a speedy rate).

of *gij* (you)], *je* [i. st. of *jij* (you)] etc. In the latter cases ĕ is pronounced as the *e* in the English article *the* before a consonant.

2. A vowel in the middle or at the beginning of a syllable may be pronounced either long or short. If it is long, this is always indicated by a double vowel, e.g. *daar* (there), *een* (one), *dier* (animal), *zoon* (son), (hij) *verhuurt* (he lets out), etc.

3. Double vowels are always pronounced long.

4. Short *a* has nearly the sound of the *a* in the first syllable of the English word *Mamma*. It is the French and Italian *a* in *parler*, *parlare*, the German *a* in *Mann*. Exx. *planten* (to plant), *bak* (a square basin), etc.

5. Long *a* has nearly the sound of the *a* in the English word *hard* or in the last syllable of *Mamma*. It is the French *a* in *art*, the Italian *a* in *padre*, the German *a* in *Vater*. (Long *a* is written *aa* in the middle or at the beginning of a syllable). Exx. (zij) *nā-men* (they took), *lā-ten* (to let), *laat* (let, Imp.), *laatste* (last).

6. Short *e* sounds as *e* in *send*. Exx. *zetten* (to set), *hem* (him). At the end of syllables not having the stress, *e*, *el*, *em*, *en* and *er* are pronounced with the *e* of the English word *the* before a consonant. Exx. *vĕr-hu-rĕn* (to let out), *dĕ an-dĕ-rĕ man-nĕn*.

7. Long *e* (or *ee*) is pronounced as *ay* in the Engl. word *day*. Before *r* it sounds as the *ai* in *fair*. Exx. *lē-dig* (empty), *wē-dĕr-om* (again), *veel* (much), *deerlijk* (awfully).

8. Short *i* is like the English *i* in *pit*. Exx. *is* (is), *erfenis* (inheritance). In several derivatory terminations as -*ig*, -*ik*, -*ing*, -*igen*, the *i* is like a mute ĕ (in *the*). Exx. *menig* (many a), *vuilik* (dirty person), *achting* (reverence), *verdedigen* (to defend).

9. Long *i* (in originally Dutch words written *ie*) is pronounced as *ee* in *seek*. Exx. *Lize* (Eliza), *dienst* (service), *lief* (dear).

10. Short *o* has two sounds; one is nearly the English *o* in *cock* (shorter than *o* in *God*, but longer than in *pot*). It is the French and Italian *o* in *former*, *formare*, the German *o* in *kommen*, e.g. *pot* (pot), *God* (God), the other is almost Italian *o* in *corso*, e.g. *dom* (stupid), *mond* (mouth).

11. Long *o* (or *oo*) is pronounced as *o* in *note*. Before *r* it has the sound of *oo* in the Eng. word *door* or *oa* in the Eng. word *board*. Exx. *zoon* (son), *zō-nen* (sons), *wō-nen* (to dwell), *toonen* (to show), *verlō-ren* (lost).

12. Short *u* (= short *u* in Swedish) is almost like *u* in *but*. It keeps the same sound even before *r* (viz. it is never pronounced as the *u* in *hurt*). Exx. (zij) *zullen* (they will), *Turk* (Turk).

13. Long *u* (or *uu*) has a sound, which does not exist in English. It is like the French *u* in *pur*, the German *ü* in *für*. Exx. (hij) *verhuurt* (he lets out), *Lukas* (Luke). (In originally Dutch words the long *u* does not appear but before *r* and at the end of a word or stem).

14. *ij* too has no equivalent in English. Its pronunciation may be indicated in the following manner. In the pronunciation of the English *i* an attentive observer may distinguish two different sounds, viz. first a vowel as the first *a* in *Mamma* and thereafter a consonant like *y*. In the same manner the pronunciation of the Dutch *ij* has in it two elements, first a vowel as the *e* in *bed* and thereafter a consonant like *y*. (The former diphtong *ei* is now pronounced almost entirely in the same manner as *ij*). Exx. *tijd* (time), *mijn* (my), etc. [1]).

---

[1]) In the termination -*lijk* (-ly) the *ij* sounds as mute *ĕ* in *the*.

15. *au* and *ou* sound almost like *ou* in *rouse* or *plough*. Ex. *paus* (pope).

16. *aai* is pronounced as *aa* with a semivocalic consonant like *yy* after it. Ex. *fraai* (handsome).

17. *ei* (as we have observed above) sounds (at least in our two principal provinces North Holland and South Holland) almost entirely as *ij* does. Exx. *steil* (steep), *reizen* (to travel). (N.B. *stijl* written with *ij* means *style*, *rijzen* means *to mount*).

18. *eu* has the sound of the French *eu* in *deux*, before *r* that of *eu* in the French word *peur* and nearly of *u* in the English word *hurt*. Exx. *deun* (tune), *leugen* (lie), *treuren* (to mourn).

A practical precept for approximative reproduction of the Dutch *eu* is the following. Try to pronounce *in one syllable* *ŭ-û* (*u* of the Engl. *un* immediately followed by French *û* or German *ü*) with a little more stress on the first of these two sounds.

19. *eeuw* is pronounced as (Dutch) *ee* with a semivocalic consonant like the English *w* after it. Exx. *leeuw* (lion), *eeuw* (century).

20. *oe* is pronounced as English *oo* in *good* or *look* with some slight changes according to the following consonants. Exx. (zij) *sloegen* (they did beat), *boek* (book).

21. *ui* represents a sound, which does not exist in English. It is very near the *eu* in the French word *fauteuil* and has some resemblance to the German *eu* in *Eule*. Exx. *uil* (owl), *vuil* (dirty), *pruim* (plum).

A practical precept for approximative reproduction of the Dutch *ui* is the following: Try to pronounce *in one syllable* *è-û* (*è* of Engl. *set* immediately followed by French *û* or German *ü*) with a little more stress on the *ĕ*.

Before a vowel *ui* has still a third element after the *ū*, viz. a *consonant* like *y*. Exx. *uien* (onions) pr. *ĕūyĕn, luiaard* (sluggard) pr. *lĕūyĀrt*, etc.

22. *ieuw* is pronounced as (Dutch) *ie* with a semivocalic consonant like *w* after it. Ex. *nieuw* (new).

23. *aai, oei* and *ooi* are pronounced as (Dutch) *aa, oe* and *oo* each with a semivocalic consonant like *yy* after the vowel. Exx. *kraai* (crow), *foei!* (fy!), *groeien* (to grow), *mooi* (fine), *vlooien* (fleas).

Exception to 19, 22 and 23. When *eeuw, ieuw, aai, ooi, oei* are placed before a (toneless) *ĕ* the *u, o,* and *i* have *not* the semivocalic sound of (English) *w* and *yy* but are simple consonants = Dutch *w* (about Engl. *v*) and *j* (Engl. *y*). Exx. *leeuwen* (lions) pr. *laivĕn, nieuwe* (new) pr. *neevĕ, kraaien* (crows) pr. *krĀ-jĕn, mooie* (nice) pr. *moayĕ, groeien* (to grow) pr. *Grooyĕn*.

24. *g* and *ch* have each a sound, which does not exist in English. The latter is the sharper modification of the former (before sharp letters as *p, t,* etc.) just as *p* is of *b* and *t* of *d*; *ch* is the *j* in Spanish and the X in Russian and Greek, *g* has the sound of Modern Greek *g* before *a*. Exx. *geven* (to give), (hij) *dacht* (he thought), *lachen* (to laugh), *wijngaard* (wineyard), (zij) *steenigden* (they cast stones at), etc.

(N.B. In the following paragraphs the sound of *ch* will be represented by this sign: H, and the sound of *g* by this sign: G.)

25. *sch* (otherwise pronounced as *s + ch*) sounds as a single *s* before a toneless *e*. Before a consonant or at the end of a word it is either like an ordinary *s* or like a *stiff* or *double* one: *ss*. Exx. *schaap* (sheep), *mensch* (man), *menschen* (men), pr. *sHĀp, menss, mensĕn.*

26. *j* is the English *y*. Exx. *jaar* (year), *bejammeren* (to lament at).

s is generally sounded as an *initial s* in English, the weaker sound of the *s* being represented in Dutch by the *z*.

r is more articulate than it is in English. It is like *r* in Italian.

v is the weaker modification of *f* as *z* is of *s*. It is a deal sharper than *v* in English.

27. *w* is not so broad as the English *w*. It has not the semivocalic nature, which *w* has in English and is much like the English *v*. Exx. *wijn* (wine), *wederom* (over again). After *u* or *ou* a *w* is not sounded. Exx. *ruw* (rough), *een ruwe kerel* (a rough fellow), *vrouw* (woman), *vrouwen* (women, pl.).

As we have observed before after *ie* and *ee*, *at the end of a syllable, uw* represents a sound like the (semivocalic) English *w*. Exx. *nieuw* (new), *nieuwheid* (newness), *eeuw* (century), *eeuwfeest* (jubilee).

---

28. *At the end of a word b* assumes the sound of *p, d* of *t* and *g* of *ch*. Exx. *web* (web) pr. *vèp, tand* (tooth) pr. *tʌnt, zaag* (saw) pr. *z̄ʌʜ*. Except when the following word begins with a vowel or with a *b* or *d*. Exx. *ik heb er* pron. *ik hè-bĕr; de vraag is* pr. *dĕ vr̄ʌ-ɢis (d is even in this case* often pronounced as *t: ik had er* [I had there] is pronounced by some people: *ik hʌ-dĕr*, by others: *ik hʌt ĕr), ik heb daar* (I have yonder) pr. *ik hèb d̄ʌr, ik zag daar* (I saw there) pr. *ik sʌɢ d̄ʌr, ik had brood* (I had some bread) pr. *ik hʌd broat*.

29. Before *g* there is no exception as to the *preceding* consonant, but the *g* itself in this case assumes the pronunciation of *ch*. Exx. *ik had gezegd* (I had said) pr. *ik hʌt ʜĕzèʜt, ik zag gisteren* (I saw yesterday) pr. *ik sʌʜ ʜistĕrĕn*.

30. *k* before *b* and *d* has the sound of the English *g* in *big* or *a big dog* (a sound, which in the Dutch language does not occur in any case but this). Exx. *ziekbed* (bed of illness) pr. *zeeɡbèt, kurkdroog* (as dry as cork) pr. *kurɡdroaʜ*,

ik brak daar (I broke there) pr. *ig brʌg dār*, etc.—Before *g* here again the same particularity is to be noticed, viz. that the preceding *k* does not undergo any change, whereas the ɢ itself is changed into ʜ. Ex. *zakgeld* (pocket-money) pr. *zʌkʜélt*.

31. *f* standing at the end of a syllable or word, which is immediately followed by a vowel or by a *b* or *d*, is pronounced as *v*. *s* in the same cases assumes the pronunciation of *z*. Exx. *diefachtig* (thievish) pr. *dee-vʌʜ-těʜ*, *glasachtig* (glassy) pr. ɢlʌ-zʌʜ-těʜ, *het glas van m'n neef is leey* (the glass of my nephew is empty) pr. *ĕt-ʜlʌs-fʌm-mě nai-viz-laiʜ*.

32. Some other general pronunciation-changes constantly taking place either within or without the limits of one single word are the following:

z after *k, p, t, ch, f* or *s* is changed into *s*. Exx. *pakzadel* (packsaddle) pr. *pʌksādĕl, ik zal* (I shall) pr. *ik sʌl; slaapzaal* (dormitory) pr. *slāpsʌl, ik koop ze* (I buy them) pr. *ik koap sě*, etc. etc.

b'z is changed into *p's* and *g'z* into ʜ's. Exx. *hebzucht* (avarice) pr. *hěpsuʜt, ik heb ze* (I have them) pr. *ik hěp sě; verdraagzaam* (tolerant) pr. *věrdrāʜsām, ik draag ze* (I bear them) pr. *ig drāʜ sě*.

v is changed into *f* in the same cases, where (as we described just now) *z* assumes the pronunciation of *s*. Exx. *strikvraag* (captious question, lit. *snare-question*) pr. *strikfrāʜ, ik vraag* (I ask) pr. *ik frāʜ; loopvogel* (bird of the class: *cursores*) pr. *loapfoaɢĕl, ik koop veel* (I buy a great deal) pr. *ik koap fail*.

b'v is changed into *p'f* (like *b'z* into *p's*) and ɢ'v into ʜ'f (like ɢ'z into ʜ's). Exx. *ik heb veel* (I have a great deal) pr. *ik hěp fail; loogvat* (lessive vessel) pr. *loaʜfʌt, ik draag veel* (I bear a great deal) pr. *ig drāʜ fail*.

33. In the pronunciation of -ĕ(n) at the end of words or forms there is (even among the higher classes) a *local* difference between 1°) the *northern* provinces Friesland and Groningen, 2°) the *Western* provinces Noord-Holland, Zuid-Holland and Zeeland and 3°) the rest of the country. 1°) In the *northern* provinces the *n* is pronounced *in any case* either before a consonant or before a vowel; 2°) in the *western* provinces the *n* is *never* pronounced (except in orations, sermons, etc.) neither before a consonant nor before a vowel; 3°) in the rest of the country the *n* is generally sounded before a vowel and left away before a consonant or at the end of a sentence. Ex. the words *honden en katten* (dogs and cats) are pronounced a) in the northern provinces: *hondĕn èn kAttĕn*, b) in the western provinces: *hondĕ èn kAttĕ*, c) in the rest of the country: *hondĕn èn kAttĕ*. In the same way *lezen en schrijven* (to read and to write). Northern pronunciation *laizĕn èn sHrèyven*, western pr. *laizĕ èn sHrèyvĕ*, central pr. *laizĕn èn sHrèyvĕ*. The last of these three ways of pronouncing may for various reasons be considered as the most correct and the only *non-provincial* one.

---

tj or *dj* (*katje* little cat, *paardje* little horse) has a sound which does not exist in any other European language. *Approximative* reproduction of this sound may be brought about in the following way: First put your mouth and tongue in position as if going to pronounce the English hard *th*. Then suddenly change your mind and pronounce the English *y*. The resulting sound will be much the same as the Dutch *tj*.

READING-EXERCISE WITH INTERLINIARY PRONUN-
CIATION.

(*See the first reading-piece of our Chrestomathy*).

Ik had nog nauwelijks met mijn' zakdoek het stof van
ik hʌt nòɢ nʌwĕlĕks mèt mĕn zʌgdook ĕt stòf fʌn
de bank van 't prieeltje geslagen, en was bezig, op mijn
dĕ bʌngk fʌn t preeailtyĕ ɢĕslāɢĕn èn 'vʌs baizĕɢ òp mĕn
gemak nedergezeten, met de oogen op het loodsje, het
ɢĕmʌk nairɢĕzaitĕn, mèt dĕ ouɢĕn òp ĕt loatsyĕ, ĕt
plaatsje en het hekje gericht, mij te verlustigen in het
plātsyĕ èn ĕt hèkyĕ ɢĕriʜt, mèy tĕ rĕrlʊstĕɢĕn in ĕt
denkbeeld, hoe goed alles bij mijn' oom en tante in de verf
dĕngbailt, hoo ɢoot ʌllĕs bèy mĕn oam èn tʌntĕ in dĕ vèrv
was, als de plaatsdeur openging en Keesje verscheen. Daar
'vʌs, ʌlz dĕ plātdzdur oapĕnɢing èn kaisyĕ vĕrsʜain. Dār
hij den geheelen tuin door moest, om ter plaatse zijner
hèy dĕ ɢĕhailĕ tĕûn doar moost òm tèr plātsĕ zèynĕr
bestemming te komen, en hij bijna zeventig jaar op zijne
bĕstèmmĕng tĕ koamĕn, èn hèy bèynā saivĕntĕɢ yār òp sĕn
schouders torste, had ik tijds genoeg om op te merken,
sʜʌwdĕrs tòrstĕ, hʌd-ĕk tèyts ɢĕnooɢ òm òp tĕ mèrkĕn,
dat er iets aan scheelde. Hij strompelde eerst bijna tegen
dʌt ĕr eets ān suaildĕ. Hèy stròmpĕldĕ airst bèynā taigĕn
de rollaag aan, waarop hij niet verdacht scheen te zijn,
dĕ ròllāɢ ān, 'vāròp ee neet fĕrdʌʜt snain tĕ zèyn,
schoon hij er sedert jaren alle morgens om half tien ure
sʜoan ee ĕr saidĕrt yārĕn ʌllĕ mòrɢĕns òm hʌlf teen ûrĕ
overheen moest stappen; hij liet den zondagschen rok van
oavĕrhain moost stʌppĕn; hèy leet dĕ zòndʌʜsĕ ròk fʌm
mijn oom, dien hij over den arm had, door het zand sleepen,
mĕn oam, dee ee oavĕr dĕ ʌrm hʌt, doar ĕt sʌnt slaipĕn,

en voor hij den appelboom voorbij was, was de borstel, dien
èn voar ee dĕ ʌppĕlboam voarbèy 'vʌz, 'vʌs dĕ bòrstĕl, dee
hij in de hand hield, tweemaal gevallen. Als hij nader
ee in dĕ hʌnt heelt, t'vaimāl Gĕvʌllĕn. ʌls ee nādĕr
kwam, zag ik, dat zijn wangen zeer bleek en flets waren,
k'vʌm, zʌG-ĕk, dʌt zĕn 'vʌngĕn zair blaik èn flèts 'vārĕn,
onder zijn niet zeer netjes onderhouden baard; zijn geheele
òndĕr zĕn neet sair nètyĕs òndĕrhʌwdĕn bārt; zĕn Gĕhailĕ
gelaat was betrokken; zijn oogen waren dof, en toen hij
Gĕlāt 'vʌz bĕtròkkĕn; zĕn oaGĕn 'vārĕn dòf, èn toon ee
mij voorbijging was het niet als anders: "lief weertje,
mĕ voarbèyGing 'vʌz ĕt neet ʌlz ʌndĕrs: "leef 'vairtyĕ,
meneer!" maar hij nam zijn hoed stilzwijgend af en strompelde
mĕnair!" mār hèy nʌm zĕn hoot stilz'vèyGĕnt ʌf èn stròmpĕldĕ
naar het plaatsje.
nār ĕt plātsyĕ.

II. MOST ELEMENTARY PRINCIPLES OF GRAMMAR.

SUBSTANTIVES.

(Dutch *zelfstandige naamwoorden* or rather (according to a new system of terminology) *noemwoorden* i.e. *namingwords*).

1. *Declension* plays a very humble part in Dutch grammar, *cases* generally being expressed (like in English) by means of *prepositions* (Dutch: *voorzetsels* or rather *betrekkingswoorden* = relationwords), viz. the Genitive case by the prep. *van* (of), the Dative by the prep. *aan* (to) or *voor* (for), etc.

2. The only real *declined case-form* of the substantive existing in Dutch is a Genitive form which is formed by putting an *s* after the radical of the word. This Genitive form is regularly derived:

a) from personal names, especially christian names, as

Jans boek (John's book, the book of John), *van Houten's kakau* (van Houten's cocoa);

b) from a few common nouns denoting a *person*, as *vader* (father), *moeder* (mother), *oom* (uncle), *meester* (teacher), *burgemeester* (burghomaster), *dokter* (medical man), etc. *when the nouns themselves are used in a relational meaning*, that is to say when *vader* has the meaning of *my* or *our father* etc. Exx. *vader's bril*, the spectacles of (our) father; *meester's huis*, the house of (our) teacher; *dokter's rekening*, the bill of our medical man.

This Genitive form is always placed *before* the noun to which it belongs, *neither of both nouns admitting any article* in this combination.

In Medieval Dutch a Genitive case in *-s* or *-es* was derived from any noun of the Masculine or Neuter gender. This Genitive case was generally placed *after* the noun to which it belonged and both nouns took the article. Ex. *de staf des herders*, the staff of the shepherd or the shepherd's staff. It might also be put *before* the noun, but in this case the article *after* the Gen. was omitted: *des herders staf*. In some rhetorical, or proverbial, or biblical expressions the old Genitive is employed until now. Exx. *een vriend des huizes*, a friend of the house; *het bloed des kruises*, the blood of the cross, etc. — A few masculine nouns had a Genitive case ending in *-en: des vorsten* (of the prince), *des heeren* (of the lord), *des graven, hertogen* (of the count, duke), *des helden* (of the hero), *des menschen* (of man).

The *Dative case* (for nouns of the Masculine and Neuter gender) was formed in Medieval Dutch by putting an *-e* after the radical. This form too has been preserved to the present day in a few rhetorical or proverbial expressions as *den volke verkondigd* (proclaimed to the people), *in den lande* (in st. of *in het land*), in the country (biblical style), *om den broode* (for bread's sake, for the sake of a livelihood).

The Accusative has always the same form as the Nominative.

In Plural there is no difference between cases at all.

3. Plural is generally formed by adding *-en* after the stem, ex. gr. *boek* (book) *boeken*, *schuit* (boat) *schuiten*, etc. Often the vowel of the radical itself is changed in plural, ex. gr. *glas* (glass) *glāzen*, (a long), *staf* (staff) *stāven*, *stad* (town) pl. *steden*, *smid* (blacksmith) pl. *smēden*, *schip* (ship) pl. *schēpen*, etc. (The ĕ in these plurals is long).

4. Words ending in *-el*, *-em*, *-en* *-er*, *-aar*, *-ier* and many words taken from foreign languages take *-s* in the plural: *sleutel* (key) pl. *sleutels*, *bodem* (bottom) pl. *bodems*, *toren* (steeple) *torens*, *bakker* (baker) *bakkers*, *tuinier* (gardener) *tuiniers*, *idee* (idea) *idees*, *generaal* (general) *generaals*.

5. A few neuter words take *-eren*, ex. gr. *kind* (child) *kinderen*, *kalf* (calf) *kalveren*, *lam* (lamb) *lammeren*, *lied* (song) *liederen*, *volk* (people) *volkeren*, *been* (bone) *beenderen*, *ei* (egg) *eieren*, *blad* (leaf of a tree) *bladeren* (*bladen* are the leaves of a *book*), (*beenen* means *legs*).

6. In consequence of certain general *orthographical rules* the same radical which in reality does not undergo the slightest change when augmented with the plural-sign will spell differently in singular and plural. Exx. *mes* (knife) pl. *messen;* *schaap* (sheep) pl. *schāpen;* *beer* (bear) pl. *beren*, etc.

Genders of nouns.

Modern Dutch has only *two* genders, the *neuter* and the *epicene* (masculine or feminine). Nouns of the neuter gender are sharply distinguished from other nouns by their taking in singular the definite article in the form of *het* (pr. ĕt) in. st. of *dĕ*. Exx. *het huis*, the house, *het kind*, the child.

When a neuter noun is *referred* to in a sentence or a part of a sentence, where the noun itself is not named, the pronoun *het* (pr. ĕt) is always made use of in stead of *hij* (he). Ex. *we zagen het kind, terwijl het in de wieg lag*, we saw the child, while it was lying in the cradle.

In Medieval Dutch there were *three* different genders, sharp distinction being made between *masculine* and *feminine* too. During the Medieval period of the language difference between *masculine* and *feminine* genders was made in two respects, viz.:

1°. Any *adjective, pronoun, participle* or *article* relating to a noun of the masculine gender in the Accusative or Dative case of the Singular took an *n* at the end as a mark of its gender and case at the same time. Exx. *ic sie dien goeden man, dien goeden hont, dien goeden schotel*, etc. (I see that good man, dog, dish, etc.).

2°. *Feminine* nouns (either names of persons, animals, plants, lifeless objects or abstractions indiscriminately) were to be referred or alluded to in the progress of speech by means of *special feminine* pronouns. So f. i. when speaking of a *snake*, or a *lime-tree*, or a *sea*, or a *hand*, or a *sledge*, or a *virtue* in Medieval Dutch you would say: „*She* is sitting on *her* tail," „*she* thrives very well with *her* enormous branches," „*she* rolls *her* waves," „*she* extends *her* fingers," „*she* has one of *her* irons broken," „*she* is praised by many people that hardly practise *her*," the *words* for *snake, lime-tree, sea*, etc. being of the feminine gender.

In the last *three* centuries at least the „feminine gender" has practically *disappeared* in the spoken language. The *n* of the masculine Accusative or Dative case is not pronounced in conversation, neither in Friesland and Groningen, (where any *other* final *n* is most carefully sounded), nor in any other part of the country. In modern Dutch we say: *Ik zie die goede man en die goede vrouw*, like in English: I see that good man and that good woman, *without any difference in gender* between *man* the most „masculine" and *vrouw* the most „feminine" of all substantives existing. And as to the special „feminine" pronouns, viz. *zij* (she) and *haar* (her), their use is in modern Dutch nearly quite reserved to those cases, where a *feminine person* either girl, woman or goddess, or at most a *female representation* of a virtue or an affection, is spoken of or referred to. Both phenomena described indubitably give us a right to declare *that there does not exist in modern Dutch any special distinction for what you might call the purely grammatical „masculine" or „feminine" gender.*

As we mentioned above, the abolition of this grammatical distinction is by no means a very recent thing. On the contrary it may easily be proved that at least three hundred years ago our language was already, in *this* respect at least, much the same as it is now. In this like in so many other particularities Dutch has followed exactly the same way in the course of its history as English has. The greatest difference only consists in this, that whereas the *English* nation has hailed the abolition of cases and genders as a natural and in many respects a useful and a practical reform, the Dutch nation, or at least the authors and learned people in Holland, often wholly absorbed in classical studies, admiring the Greek and Latin languages for their richness of grammatical forms, and having besides this on the eastern frontier of their country a neighbour-people which in its language had still in the course of centuries preserved the greater part of that richness of forms, which the Dutch language had had to part with, were very sorry with the

„losses" they had sustained and tried by any kind of violent means to have their riches back. In this way the system of „genders" and „cases", condemned and thrown away by language itself, continued to be reared and cultivated artificially by the authors and the learned people. They held on like grim death, they strove and struggled with might and main—they plodded on, toiled on, trudged on.... and succeeded in keeping the thing going to the present day.

The result is this, that even now a well educated Dutchman, when going to write no matter which contribution to a magazine or paper, or even an ordinary letter, nay nothing more than a simple postcard of a few lines, will most inevitably have to turn a good many of dictionary-leaves just to ascertain whether *in his own language* this or this word belongs to the masculine or to the feminine gender.—Of course in our present idiom we have a large quantity of words, which in the middle-ages, during the period of „genders" and „cases", *did not exist at all* .... What the deuce is the gender of all those words f.i. of a word like *fiets* (a bicycle) or *trem* (a tramway)? Of course nobody knows. But never mind.... Our learned men will set to work at a moment's notice and for each new word which you choose to bring them they will forge at their private turnbench a brannew „gender" while you wait.

In these last five or six years a most laudable effort has been made, to get rid at last of that ridiculous old fashion. The venerable old Mr. A. M. Kollewijn and his son Dr. R. A. Kollewijn gave the start and were immediately followed by the authors M. Emants, Pol de Mont, and others. They have about a thousand partisans now, among which several professors of the Groningen and Utrecht universities. They are getting on—but very slowly.

In this grammar we will henceforth leave the legendary „feminine and masculine gender" alone. Only in our *reading-pieces* (at the end of our little book) we could not indulge in the pleasure of erasing the above mentioned *n*'s of „declension." We had to bear with those *n*'s because the greater part of the modern authors still continue to write them. As it is, we beg the reader to consider the *n*'s of declension as nothing more than quite superfluous *pen-flourishes in printing-ink*.

ADJECTIVES.

(Dutch *bijvoegelijke naamwoorden* or rather *beschrijf-woorden = describingwords*).

1. An adjective placed after a substantive or attached to it by a copula has never any termination: *twee vrouwen vriendelijk en zacht*, two women kind and mild; *de man, de vrouw, het kind is goed*, the man, the woman, the child is good; *de mannen, de vrouwen, de kinderen zijn goed*, the men, the women, the children are good.

2. When placed *before* the substantive every adjective takes the termination *-e* indifferently whether it be preceded by the *defining article*, the *non-defining article* or no article at all. Exx. *de goede man* (the good man), *de goede vrouw, het goede kind* — *een goede man* (a good man), *een goede vrouw* — *de goede mannen, vrouwen, kinderen* — *goede mannen, vrouwen, kinderen*, except in one special case, viz. when the substantive is of the *neuter gender* and preceded by the *non-defining article een* or a possessive pronoun. Ex. *een goed kind*, a good child, *een groot schip*, a large vessel — *mijn scherp mes* (my sharp knife), etc.

Remark. In a *special meaning* the Sing. of the Masculine may, as the Neuter, have the form without termination, e.g. *een goed man* i. st. of *een goede man*. The difference between the two is, that *een goed man* means a man, that is good in relation to his being *man*, whilst *een goede man* is a man, who has the accessorial quality of being good. In the same way *een groot man* means *a great man, a man of great talents*, *een groote man* is *a tall man*.

3. The comparative degree is formed by adding *-er*, the superlative degree by adding *-st(e)* after the stem. Exx. *groot, grooter, grootst(e)*; *klein, kleiner, kleinst(e)* (little); *stom, stommer, stomst(e)*; *grof, grō-ver, grofst'e)*, etc.

4. A few adjectives have irregular degrees of comparison, exx. *goed, beter, best(e)*; *kwaad* (evil), *er-ger, erg-st(e)*; *veel* (much, many), *meer, meest(e)*; *weinig* (little, few), *minder, minst(e)*.

5. The adjective *grof* (rough) changes its vowel into *ō* when augmented with *-e* or *-er: grōve, grōver*.

6. The orthographical changes occurring in the radicals of substantives in plural (see above subst. 3.) are also to be observed in the forms in *-e* and *-er* of the adjective. Exx. *stom* (dumb), *stom-me, stom-mer; grof* (rough), *grō-ve, grō-ver; dwaas* (foolish), *dwā-ze, dwā-zer*.

ARTICLES (*artikels*).

1. The forms of the defining article (according to the rules of the old-fashioned medieval system) are *de, des, den, der* and *het*. *des* is the form of the Gen. Sing. Masc. and Neut., *den* of the Acc. Sing. Masc. and of the Dat. Sing. Masc. and Neut., *der* of the Gen. and Dat. Sing. of the Fem., *het* of the Nom. and Acc. of the Neuter, *de* of all the other cases and genders.

Remark. The truth is, that in the *spoken* language the *n* of *den* is *never* sounded, whilst the forms *des* and *der* are not made use of but in a few proverbial expressions. In stead of *des mans* we say *van de man*, in stead of *der vrouw* we say in the Gen. *van de vrouw* and in the Dat. *aan de vrouw* or simply *de vrouw*. So in reality this article has only *two* forms, viz. 1⁰. *het* (pr. *ĕt*) for the *Neuter Singular* and 2⁰. *de* for all the rest.

2. The non-defining article has (according to the same old-fashioned system again) the following forms: *een, eens, eenen, eene, eener*. *eens* is the form of the Gen. Masc. and Neut., *eenen* of the Acc. Masc. and of the Dat. Masc. and Neut., *eene* of the Nom. and Acc. of the Fem., *eener* of the Gen. and Dat. Fem. and *een* of the other cases.

Remark. The *real* state of things is here again a great deal simpler than our old grammar prescribes. *eens* and *eener* are not made use of in colloquial language. In stead of *eens* we say *van (e)en;* in stead of *eener: van* or *aan (e)en*. Moreover the *e* and *en* of the forms *eene* and *eenen* are not pronounced in conversation (*ee* of the stem sounds as a toneless *ĕ*), so that there is (in conversational language) but *one* form for this article throughout all cases and genders, viz. *een* (pron. *ĕn*).

The so-called „feminine" Genitive forms of the articles: *der* (of the) and *eener* (of a), and of the possessive pronouns (*mijner, uwer, onzer, zijner, harer* and *hunner*) are in the written language much more generally made use of than the „masculine" or „neuter" forms: *des, eens, mijns, uws*, etc. The latter forms are quite obsolete now, even in rhetorical language, as in orations, sermons etc. except in a few characteristic expressions such as *de zoon des menschen*, the son of man, *het bloed des kruises*, the blood of the cross. *Der, eener, mijner, uwer*, etc., on the contrary, although *hardly ever appearing* in the spoken language, are very frequent in any kind of literature, even in most unrhetorical sorts of literature, such as popular newspapers, etc. Reformers are now seriously working for the abolition of this old-fashioned writing-custom, but before succeeding they will most probably have a pretty hard strife for many years to come. As it is, we do not venture to declare those forms in *-er* abolished, which in fact they are not by far, but rather will give a simple rule for the use of the Genitive forms in question, which has been derived from the special phraseology of the best authors and which it will be but a very little trouble to observe in writing letters etc.

Our rule runs as follows: *der, eener, mijner, uwer, zijner, harer,* etc. are *rhetorical Genitives* belonging to the erstwhile „feminine gender" of our language, forms, which it is not advisable to make use of now but in connection with the following three classes of substantives:

1°. Names of female persons or personifications when named reverentially or in a serious tone, or at least without the slightest idea of contempt or derision. Exx. *de bezittingen der koningin*, the possessions of the queen, *de tred eener godin*, the gait of a goddess, *de tranen mijner moeder*, the tears of my mother, etc.

2°. Words implying any kind of *abstraction of human thought*, such as *qualities* and *properties, proportions, relations, conditions,* etc. — *arts* and *sciences, virtues* and *vices, health* and *illness*, etc. Exx. *de kracht der overtuiging*, the strength of conviction, *de snelheid der gedachte*, the quickness of thought, *de gevolgen zijner angst*, the results of his anxiety. (Nouns implying abstractions may often be recognised exteriorly [in Dutch like in English] by their desinence. *-heid, -nis, -schap, -ing, -te, -t, -st, -de* are abstract desinences in Dutch).

3°. *Collective nouns* implying a *combination* of *persons*, as *vergadering* (assembly, meeting), etc. Exx. *de besluiten der vergadering*, the decrees of the assembly.

As to the plural Genitives of identical formation: *der, mijner, uwer,* etc., restriction in gender having never existed with them, even in Medieval Dutch, there is of course not the slightest reason to introduce any such restriction now. Only it should be borne in mind, that these forms too are to be considered as purely rhetorical and must never be made use of in familiar or trivial style.

PRONOUNS.

(Dutch *voornaamwoorden* or rather *aanduidingswoorden* i e. *denotingwords*).

1. Personal pronouns [1]) are: First person singular *ik*, I, *mij*, me, plural *wij*, we, *ons*, us. For the second pers. Sing. the ancient pronoun *du*, Acc. *dy* had become obsolete many centuries ago (except only in Belgium). It is replaced in the written language by the pronoun for the plural *gij*. Second person singular *gij*, you, *u*, you, plural *gij* (or *gijlieden*) you, *U* (or *ulieden*) you (in the Dat. and Acc.). Third person singular *hij* (he), *hem* (him), fem. *zij* (she), *haar* (her), Neut. *het* (it) plural: Masc. and Neut. *zij* (they), *hun* (them in the Dat.), *hen* (them in the Acc.), Fem. *zij* (they), *haar* (them).

First remark. The pronouns of the second person *gij* and *gijlieden* do not occur in the spoken language but in a few southern dialects. In the *general* Dutch language we say instead of *gij* (singular) either *U* (respectfully) or *jij* (familiarly) ex. gr. *U heeft*, *U is* or *jij hebt*, *jij bent* (you have, you are). Of *jij* the declined form is *jou*, *U* remains unchanged. In plural *jij* becomes *jelui* or *julli* (in all cases); *U* is not changed in plural.

Second remark. Nearly all the above mentioned pronouns have a special form, which is exclusively used, when

---

[1]) According to the newer system *personal pronouns* are called in Dutch *ikheidsnoemwoorden* (namingwords of egoity).

the pronoun is used without any emphasis after a verb or another word having full stress. In that case *mij, gij, jij, wij, zij* become *me, ge, je, we, ze; hij* becomes *i*. (In *written* language we *always* use *hij*); *zij, haar, hun* and *hen* become *ze* — *ik* becomes *ĕk*. Exx. *geef ik* (Do I give) is pronounced ɢaivĕk. In *writing* the difference between *ik* and *ĕk* is never observed. *Ik geef* (pr. ɪk) and *geef ik* (pr. ɢaivĕk) are *written* quite alike.

Third remark. *himself, herself* and *themselves* are expressed in Dutch by *zich*.

Fourth remark. In the spoken language we *always* use *hun* in st. of *hen*.

2. Possessive pronouns are *mijn* (my), *Uw* (your), *zijn* (his), *haar* (her), *onze* (our), *uw* (your pl.), *hun* (their, Masc.), *haar* (their, Fem.).

Remark. In stead of *uw* the colloquial possessive pronoun (belonging to *jij*) is *jou*. (*jelui* and *julli* are used as possessive pronouns without any change).

3. The possessive pronouns are (in the *written* language) declined as the article (*mijns, mijnen, mijne, mijner*; in plural *mijne* in all cases and genders). In the spoken language they do not receive any terminations. When used without emphasis *mijn* and *zijn* are pronounced *mĕn* and *zĕn*, *haar* is pronounced *ĕr*, (after an r *dĕr*) (the same form is also used for *hun* without emphasis). Of *jou* the non-emphatical form is *je*. *Onze* before a *neuter* noun in singular is changed into *ons*. Ex. *ons kind* (our child).

4. A possessive pronoun may also be put together with the defining article and have a substantival meaning, exx. *de mijne* (mine), *de uwe* (*de jouwe*) (yours), *de zijne* (declined, in *written* language, as *de goede*). Observe that the *e* in this case is *never* omitted in the spoken language. So with the *e* of all adjectives declined.

5. Demonstrative pronouns are *deze*, this (neut. *dit*, pl. *deze*) and *die*, that (neut. *dat*, pl. *die*). They are declined (in the *written* language) as the article *een* and the possessive pronouns.

6. Relative pronouns are *die* (Neut. *dat*, Plur. *die*) and *welke* (*welk*, *welke*).

7. Interrogative pronouns are *wie* (Neut. *wat*, Plur. *wie*) — (Gen. Sing. *wiens*), who, wh at, and *welke* (*welk*, *welke*), which.

8. *Degene*, Neut. *hetgene*, is a pronoun, the signification of which is half demonstrative, half relative; it means *he that, she that, that which*. It is declined (in the written language) by declining its two parts *de* and *gene* ex. gr. *desgenen, dergene*, etc.

9. *Diegene* has the same meaning, but it has more emphasis.

10. *Dezelfde*, Neut. *hetzelfde*, means *the same*.

VERBS.

(Dutch *werkwoorden* or rather *meldwoorden* = *tellingwords*).

1. Verbs are conjugated in different ways; the most general way of conjugating is called the *ordinary* or *normal*, an other the *dissonant* conjugation. Verbs belonging neither to the one nor to the other, are called *irregular verbs*.

ORDINARY OR NORMAL CONJUGATION.

2. The Present tense is formed directly from the stem of the verb. It has three forms, one without termination (for the 1st pers. sing.), one with the termination *-t* (for the 2d pers. sing. and pl. and for the 3d pers. sing.) and one in *-en* (for the 1st and 3d pers. pl.), ex. gr. stem *droom-* (to dream), *ik droom*, I dream, *jij, hij, jelui* or *julli droomt*, thou dreamst, he dreams, you dream, *wij, zij droomen*, we, they dream.

3. The Imperfect is formed of the stem by adding -*de* or -*te* after it, -*de* after weak consonants and after vowels, -*te* after sharp consonants, ex. gr. stem *droom-*, Imperf. *droomde*, stem *straf-*, Imperf. *strafte*. The Imperfect has two forms, one without termination (for the three persons of the singular) and one with termination -*n* (for the three persons of the plural). Ex. stem *droom-*, Impf. 1st, 2d and 3d pers. sing. *droomde*, 1st, 2d and 3d pers. pl. *droomden*.

(The *written* language has a (quite obsolete) form for the 2d person sing. and plur. of the Imperfect, which has the termination -*t*. Ex. *gij, gijlieden droomdet* (in st. of *jelui* or *julli droomde(n)* as every Dutchman would say).

4. The Future is formed with the verb *zullen* (shall), ex. gr. *ik zal droomen*, I shall dream.

5. The Present Participle is formed by adding -*ende* after the stem. Ex. *droomende*, dreaming.

6. The Past Participle is formed by putting the prefix *ge-* before the stem and -*d* or -*t* after it (after weak consonants and vowels -*d*, otherwise -*t*). Exx. *gedroomd*, dreamt, *gestraft*, punished.

7. The Perfect tense is formed by periphrasis, the past participle being combined with the verb to have. Ex. *ik heb gedroomd*, I have dreamt.

8. The Pluperfect is an imperfect made of the perfect. Ex. *ik had gedroomd*, I had dreamt.

9. The Conditional is an imperfect made of the future. Ex. *ik zou droomen*, I should dream.

10. The Future Anterior is made by forming a future of the perf. Ex. *ik zal gedroomd hebben*, I shall have dreamt.

11. The Past Conditional is an imperfect of the fut. ant. Ex. *ik zou gedroomd hebben*, I should have dreamt.

12. The passive voice is formed with the verb *worden* (to become). Exx. *ik word gestraft*, I am punished, *ik*

werd gestraft, I was punished, except the perf. and other tenses derived from it, which are formed by the verb *zijn* (to be). Ex. *ik ben gestraft*, I have been punished, *ik was gestraft*, I had been punished, *ik zal gestraft zijn*, I shall have been punished, *ik zou gestraft zijn* I should have been punished.

Rem. The Subjunctive mood (Ex. *ik droome*, may I dream, *gij droomet*, may you dream, etc.) is very seldom made use of in prose. In the spoken language it never occurs, unless in a few expressions, as *het zij*, let it be; *God geve 't*, May God give it; *Leve de koning*, May the king live.

13. In forms, where a mute *ĕ* comes after the stem, we meet with the same orthographical changes, which we have observed in the plural of nouns. Ex. *ik stap*, plur. *wij stappen* (I, we step), *ik praat* (I talk), pl. *wij prāten*. (In verbs of the weak conjugation long *e* and *o* are always indicated by a double vowel, even at the end of a syllable, where a long sound is often expressed by a single vowel otherwise).

DISSONANT CONJUGATION.

The dissonant conjugation does not differ from the normal one but in the following two respects. I. The Imperfect does not take the termination *-te* or *-de*, but it changes the vowel of the stem. II. The Past Participle ends in *-en*, not in *-t* or *-d* and often here too the vowel of the stem is changed. Ex. *ik slaap*, I sleep; Impf. *ik sliep*, I slept; Part. *geslapen*, slept.

The entire number of dissonant verbs in Dutch amounts to about 165. They are divided into three different classes.

The *first class* contains:

a) all dissonant verbs with stem-vowel *ie, ui, ij, uu*, except only the verb *zie(g)-* (to see).

b) all dissonant verbs with stem-vowel i or $è$ (short) followed by one of the consonants n, m, ng, l or r.

c) the three only verbal stems ending in eeg or eer; together $\frac{125}{163}$ = about $\frac{3}{4}$ of the whole lot.

The *second class* contains:

a) all verbs with stem-vowel $è$ or i which is *not* followed by one of the consonants l, m, n, ng, l or r.

b) the six only verbal stems ending in eek, eel or eem;

together only 17 verbs or not much more than $\frac{1}{10}$ of the whole lot.

The *third class* contains:

a) all dissonant verbs with *dull-sounding stem-vowels* $à$, aa, $ò$, oo, ou, oe.

b) the seven only verbal stems ending in eet, eed, eev or eez.

c) the verb $zie(g)$- (to see);

together 23 verbs or about $\frac{1}{7}$ part of the lot.

All verbs of the first class change the vowel of their stem *only once in the same way* for 1° the Imperfect tense and 2° the Past Participle, f.i. *blink-* (to shine) makes *blonk* and *blonken* in the Imperfect tense and *geblonken* in the Past Participle — *blijken* (to appear) makes *bleek*, *bleeken* (written with one e: *blēken*) in the Imperfect tense and in the past participle *gebleeken* (written with one e: *geblēken*), etc.

All verbs of the second class change the vowel of their stem *twice in different ways* for 1° the Imperfect tense and 2° the Past Participle. Ex. *help-* (to help) makes *hielp*, *hielpen* in the Imperfect tense and *geholpen* (with short o) in the Past Participle — *neem-* (to take) makes *naam-* in the Imperfect tense and *genoomen* (written with one o: *genōmen*) in the Past Participle.

All verbs of the third class change the vowel of their stem only *once* for the Imperfect tense *only*, the Past Participle having *the same vowel as the unchanged stem*.

Ex. *treed-* (to tread) makes in the Imperfect tense *traad-* and *getreeden* (written with one *e: getrēden*) in the Past Participle — *draag-* (to bear) makes *droeg-*, *droegen* in the Imp. tense and *gedraagen* (written with one *a: gedrāgen*) in the Past Participle.

The *singular* form of the Imperfect tense has this particularity that it never keeps the vowel *aa* but shortened into *à*. Exx. *neem-* (to take) Imp. t. *naam-* plural forms: *wij na(a)men*, *(zij) na(a)men* singular forms *ik nam, jij nam*, (...) *nam* with a *short* vowel *à* — *treed-* (to tread) Imp. t. *traad-*, plural forms *wij tra(a)den*, *(zij) tra(a)den*, singular forms *ik trad, jij trad*, (...) *trad* with a short vowel *à*.

The three classes are subdivided into smaller groups to a total number of 23, which will be described separately in an other part of this book.

IRREGULAR VERBS.

There are a few (about twenty) verbs, which have some more or less irregular forms. The best way of learning them is by reading books. Here we will only mention the auxiliary verbs, the forms of which it is necessary to know for the conjugation of other verbs.

1. *Hebben* (to have). Pres. T. *ik heb, jij hebt,* (...) *heeft, wij hebben, gij(lieden) (jelui, julli) hebt,* (...) *hebben,* Imp. T. *ik had,* pl. *wij hadden,* P. Part. *gehad* (Conj. *ik hebbe*).

2. *Zijn* (to be). Pres. T. *ik ben, jij bent,* (...) *is, wij zijn, gij(lieden) zijt, (jelui* or *julli bent),* (...) *zijn.* Imp. t. *ik was, jij was, hij was, wij wāren, gij waart, (jelui* or *julli wāren), zij wāren,* P. Part. *geweest* (Perf. t. ik *ben* geweest, I *have* been) (Conj. *ik zij, gij zijt* etc.). Imp. *wees* Pl. *weest.*

3. *Zullen* (shall). The Pres. tense of the verb is originally an Imperfect tense (likewise in English). It is there-

fore conjugated as an Imperfect, having no *t* in the 3d pers. sing. and changing *a* into *u* in plural, viz.: *ik zal, jij zult, hij zal, wij zullen, gij(lieden) zult, (jelui* or *julli zult* or *zullen), zij zullen.* The Imperfect tense (formed in a later period, when the old Imperf. had already assumed the signification of a Present tense) is: *ik zou* (cont. for *zoude* from *zol-de), jij zoudt, hij zou, wij zouden, gij zoudt, (jelui* or *julli zoudt* or *zouden), zij zouden.*

4. *Worden* (to become). Pres. tense *ik word, jij wordt, hij wordt, wij worden, gij wordt, (jelui* or *julli wordt* or *worden), zij worden.* Imp. t. *ik werd,* Pl. *wij werden,* P. Part. *geworden,* Imp. *word,* Pl. *wordt.*

§ III.

THE PARABLE OF THE VINEYARD.

(*Mark. XII, 1*),

in Dutch (biblical style).

Een mensch plantte eenen wijngaard, en zette eenen tuin daarom en groef eenen wijnpersbak en bouwde eenen toren en verhuurde dien aan landlieden en reisde buiten 's lands. En als het tijd was, zond hij eenen dienstknecht tot de landlieden, opdat hij van de landlieden ontvinge van de vrucht des wijngaards. Maar zij namen en sloegen hem en zonden hem ledig henen. En hij zond wederom eenen anderen dienstknecht tot hen en dien steenigden zij en wondden hem het hoofd en zonden hem henen deerlijk mishandeld. En wederom zond hij eenen anderen en dien doodden zij en nog vele anderen, waarvan zij sommigen sloegen, anderen doodden. Als hij dan nog eenen zoon had, die hem lief was, zoo heeft hij ook dien ten laatste tot hen gezonden, zeggende: Zij zullen immers mijnen zoon ontzien. Maar die landlieden zeiden onder elkander: Deze is de erfgenaam, komt, laat ons hem dooden en de erfenis zal de onze zijn. En zij doodden hem en wierpen hem uit buiten den wijngaard.

§ IV.

PARSING OF THE PARABLE OF THE VINEYARD.

Een mensch plantte eenen wijngaard en zette eenen tuin daarom, en groef eenen wijnpersbak en bouwde eenen toren, en verhuurde dien aan landlieden en reisde buiten 's lands.

Een non-defining article, *mensch* substantive, *man*, *plantte* Imperf. tense 3d pers. of the verb *planten* (*to plant*), *eenen* Acc. Sing. Masc. of the non-defining article, *wijngaard* subst. „*wine-yard*" (The Dutch have in the meaning of a *vine* the word *wingerd*, which is a depravation of *wijngaard*. Comp. the English *pronunciation win-yerd*), *en* Conjunction *and*, *zette* Imp. t. 3d. p. S. of the verb *zetten* (to set) (*zette* is contracted for *zettede*), *eenen* Acc. Sing. M. of the Art., *tuin* subst. *hedge* (the word *tuin* is now generally used in the meaning of *garden*), *en* —, *bouwde* Imp. t. 3d p. S. of the verb *bouwen* (to build), *eenen*—, *toren* subst. *tower*, *en*—, *groef* Imp. t. 3d p. S. of the verb *graven* (to dig) (dissonant conjugation, third class), *eenen*—, *wijnpersbak*, a *place* (*basin*) *for pressing the grapes* [elements: *wijn* (wine), *pers*(*en*) (to press) and *bak* (broad basin)], *en*—, *verhuurde* of *ver-hūren* (*to let out*) (this verb is derived from the simple verb *huren* (to let) by the prefix *ver-* (for-), *dien* Acc. Sing. Masc. of the pronoun *die*, *aan* preposition *to*, *landlieden* subst. plural of *landman* (nouns composed with *man* have in pl. *lieden* in stead of *mannen*), *en—*, *reisde* (pr. r ò̄y z-dĕ) of *reizen* (to travel), *buiten* prep. *out of* (this prep. has in this and other similar expressions the old Genitive case), *'s* abbreviation for *des*, Gen. Sing. Neut. of the defining article, *lands* Gen. Sing. of the subst. *land*, country.

En als het tijd was, zond hij eenen dienstknecht tot de landlieden, opdat hij van de landlieden ontvinge van de vrucht des wijngaards.

en—, *als* conj. *when* (in modern Dutch *toen* would be better than *als* in this sentence), *het* Nom. Sing. Neut. of the pers. pron. *hij*, *zij*, *het*, he, she, it, *tijd* subst. *time*, *was* of the irregular verb *zijn* (to be), *zond* of the dissonant verb *zenden* belonging to the first class, *eenen—*, *dienstknecht* a male servant. The word is composed of *dienst* (from *dienen*, to serve) and *knecht*, an (inferior) man, *tot* prep. *towards*, *de* Acc. Pl. of the defining article, *landlieden—*, *opdat* conj. (in order) *that*, *hij* pers. pron. he, *ontvinge* 3d pers. Sing. Imp. Subj. of the dissonant verb *ontvangen* (simple verb *vangen*) meaning *to get, to obtain*, belonging to the third class (the Subjunctive mood is, as we have already said, very seldom used in daily speech. In speaking a Dutchman would say: *om van de vrucht van de wijngaard te ontvangen* i.e. *in order to* receive), *van* prep. *of*, *de* article, *vrucht* subst. *fruit*, *des—*, *wijngaards* Gen. Sing. of *wijngaard*.

Maar zij namen en sloegen hem, en zonden hem ledig henen.

Maar conj. *but*, *zij* pers. pron. *they*, *namen* 3d p. plur. Imp. t. of the strong verb *nemen*, belonging to the second class (to take, to seize) (in common Dutch in stead of *zij namen en sloegen hem* we would say *zij grepen hem aan en sloegen hem* [*aangrijpen*]), *en—*, *sloegen*, of the irregular verb *slaan* (contracted for *slahen*), *sloeg, sloegen, geslagen*

3

(meaning *to beat*), *hem—*, *en—*, *zonden* 3d pers. pl. Imp. of the verb *zenden*, *hem—*, *ledig* adj. *empty* [the word *ledig* is in common Dutch only used in the meaning of *not filled* (German *leer*)]; in stead of *zij zonden hem ledig henen* we would say *zij zonden hem zonder iets* (without anything) or *onverrichter zake* (business not being performed) *heen*.

En hij zond wederom eenen anderen dienstknecht tot hen en dien steenigden zij en wondden hem het hoofd en zonden hem henen deerlijk mishandeld.

En—, *hij—*, *zond—*, *wederom* (commonly *weder* or contracted *weêr*) adv. *once more, eenen—*, *anderen* Acc. Sing Masc. of the adj. *ander*, other, *dienstknecht—*, *en—*, *dien—*, *steenigden* 3d p. Pl. Impf. of the weak verb *steenigen*, to stone, to cast stones at (derived from *steen*, a stone), *zij—*, *en—*, *wondden* of the normal verb *wonden*, to wound, *hem—*, *het* Acc. Sing. Neut. of the defining article, *hoofd* subst. *head*, *en—*, *zonden—*, *hem—*, *henen—*, *deerlijk* adv. *awfully*, *mishandeld* past part. of the verb *mishandelen*, to handle shamefully (formed by the prefix *mis-* from the verb *handelen*, to treat).

En wederom zond hij eenen anderen en dien doodden zij, en later nog vele anderen, waarvan zij sommigen sloegen, sommigen doodden.

En—, *wederom—*, *zond—*, *hij—*, *eenen—*, *anderen—*, *en—*, *dien—*, *doodden*, 3d p. Pl. Pres. t. of the normal verb *dooden*, to kill, *zij—*, *en—*, *later* adv. *afterwards*, *nog* adv. *still, yet*, *vele* indefinite numeral *many*, *anderen* Pl. of the pronoun *een ander* (an other) used substantively, *waarvan* relative pronoun in stead of *van wie*, *van welke* (of which) [In stead of a relative pronoun with a preposition we very often use the word *waar* (where) prefixed to the same preposition. So with the adv. *daar* and *er* for demonstrative pronouns ex gr. *er van* means *of it, of them, daarvan* has about the same meaning], *zij —, sommigen* indefinite numeral used substantively *a few, sloegen—, sommigen—, doodden.*

Als hij dan nog eenen zoon had, die hem lief was, zoo heeft hij ook dien ten laatste tot hen gezonden, zeggende: „Zij zullen immers mijnen zoon ontzien."

Als conj. *when, as* (in common Dutch in stead of *als hij dan nog had* we would say *daar* i *nu* nog had), *hij —, dan* adv. *then, now, nog—, eenen—, zoon* subst. son, *had* 3d p. Imp. of the irregular verb *hebben,* to have, *die* relative pron. who, that, *hem—, lief* adj. beloved, dear, *was* Engl. was, *zoo* adv. so (in common Dutch this particle would be omitted), *heeft* 3d p. s. present of the verb *hebben* (to have), *hij—, ook* adv. also, *dien—, ten* contracted for *te den* (*to* or *at the*), *laatste* adj. used substantively *the last; ten laatste* means *at last* (literally *at the last*), *gezonden* past part. of the dissonant verb *zenden* belonging to the first class, *zeggende* pres. part. of the verb *zeggen* to say, *zij—, zullen* 3d p. pl. of the auxiliary verb *zullen* (shall), *immers* adv. indeed, certainly, *mijnen* Acc. Sing. of the possessive pronoun *mijn* (my), *zoon—, ontzien* Inf. *to reverence.* Litt. *ont-* + *zien* to look away from...

Maar die landlieden zeiden onder elkander: Deze is de erfgenaam, laat ons hem dooden en de erfenis zal de onze zijn.

Maar—, die nom. pl. of the dem. pron. *die (those), landlieden—, zeiden* (in stead of *zeg-den*) 3d p. pl. impf. of the verb *zeggen* to say, *onder* prep. among, *elkander* reflexive pronoun, *each other* (N.B. *elk* means *each, ander* means *other*), *Deze* demonstr. pron. used substantively *this, he* [in common Dutch in st. of *deze is* we would say either *dit* is (neuter) or *hij* is], *is* Eng. is, *de—, erfgenaam* subst. heir, [*erv-* to inherit; *ge-naam* is a derivation of the verb *neem-* (to take, to receive)], *laat* Imperative of the verb *laten* (to let), *ons* pers. pron. *us, hem—, dooden* Inf. *to kill, en—, de—, erfenis* subst. *heritage, zal* 3d p. sing. pres. of the aux. verb *zullen* (shall), *de—, onze* possessive pronoun used substantively *ours, zijn* Inf. *to be* (in common Dutch we would say: *laat ons* (or *laten we*) *hem dooden* (or *dood slaan*) *dan is de erfenis voor ons*).

En zij namen en doodden hem en wierpen hem uit buiten den wijngaard.

En—, zij—, namen—, en—, doodden—, hem—, en—, wierpen 3d p. pl. Impf. of the verb *werpen*, to cast, *hem—, uit* adv. *out* (in common Dutch this word would be omitted), *buiten* prep. *out of, den* Acc. Sing. of the def. art., *wijngaard—*.

§ V.
ON SPELLING.

1. *g* at the end of a syllable has nearly the same sound as if *ch*. Formerly *g* was much more used than *ch*, but a new system has been introduced, according to which *g* before *t* has been generally supplanted by *ch*. Thus the adj. *licht* (easy) was spelt *ligt* to distinguish it from the subst. or adjective *licht* (light). Now both words are written with the *ch* and so with all other words formerly spelling with *gt*.

ij and *ei* having nearly the same sound in Dutch, even Dutchmen may now and then be puzzled in deciding whether of the two is to be written. Only observe that dissonant verbs always are written with *ij*, ex. gr. *schrijven*, to write, *blijven*, to remain; normal verbs on the contrary (if not derived from other words spelling with *ij*) are written with *ei*, ex. gr. *arbeiden*, to work, *zeilen*, to sail.

The following words have a different meaning according as they are written with *ij* or *ei*.

blij, glad.	*blei*, bleak, a fish.
berijden, to ride on.	*bereiden*, to prepare.
hij, he.	*hei*, heath.
lijden, to suffer.	*leiden*, to conduct.
mijden, to avoid.	*meiden*, female servants.
mij, me.	*Mei*, May.
nijgen, to bow.	*neigen*, to incline.
pijlen, arrows.	*peilen*, to fathom.
rijzen, to rise.	*reizen*, to travel.
stijl, style.	*steil*, steep.
vijlen, to file.	*veilen*, to sell.
wij, we.	*wei*, whey.
wijden, to consecrate.	*weiden*, to graze. [1])

2. Long *a* and *u* ending a syllable are never doubled. Therefore *vraag*, question, is written in the singular with *aa*, but in the plural only with one *a: vragen* not *vraagen*, because the first syllable ends in *a*. In the same way we write:

zaak, thing.	*za-ken*, things.
muur, wall.	*mu-ren*, walls.
ik slaap, I sleep.	*wij sla-pen*, we sleep.
ik stuur, I steer.	*wij stu-ren*, we steer.

3. The same rule, which is applicable to *a* and *u*, should also, according to analogy, be applicable to *e* and *o*; but this is only partly the case. Our present orthographical system prescribes, that the *e* and *o* should be doubled in several words, even when at the end of a syllable, as: *bleeken*, to bleach, *koopen*, to buy [2]), in others *not*. Exx.

---

[1]) *Zij* may be 1° personal pronoun *she* or *they*, 2° substantive *silk*, 3° substantive *side* (in both the latter cases *zij* is contracted for *zijde*). *Zei* contracted for *zeide* is a verbal form meaning *said* (Impf. t.).

[2]) As a general rule it may be observed that all verbs having

bre-ken, to break. *ho-pen*, to hope.
ge-ven, to give. *lo-gen*, falsehood.

The following words have a different meaning, according as they are written with *oo* or *o*, or *ee* or *e*.

geene, none. *gene*, those.
heelen, to heal. *helen*, to conceal.
toonen, to show. *tonen*, tones.
reede, roads. *rede*, speech.
steenen, stones. *stenen*, to groan.
weeken, to soften. *weken*, weeks.
weezen, orphans. *wezen*, to be (or a being)
genooten, partners. *genoten*, enjoyed.
hoopen, heaps. *hopen*, to hope.
hooren, to hear. *horen*, horn.
nooten, nuts. *noten*, notes.
pooten, paws. *poten*, to plant.

4. Several stems of words ending in short *a, e, i, o* or *u* followed by a single consonant retain the *short* vowel even then, when an element is added beginning with a vowel. In that case the final consonant of the stem is doubled. Exx.

man, man. *mannen*, men.
mes, knife. *messen*, knives.
pil, pill. *pillen*, pills.
stok, stick. *stokken*, sticks.
kruk, crutch. *krukken*, crutches.

Stems of words ending in a *long* vowel followed by a single consonant are written with a *double* vowel, in all forms, where no derivatory element, beginning with a vowel, is added.

---

au in German are written with the double *o* in Dutch, as *kaufen, koopen*, to buy; *laufen, loopen*, to run, and words having *ei* in German with *ee*, as *keine, geene*, no, *Beine, beenen*, bones.

spē-len, to play.   *ik speel*, I play.
vrā-gen, to ask.   *ik vraag*, I ask.
ho-pen, to hope.   *ik hoop*, I hope.
stū-ren, to steer.   *ik stuur*, I steer.

5. If to a stem ending in *f* or *s* a derivatory element is added beginning with a vowel, these letters, if not doubled, are changed, the *f* into *v* and the *s* into *z*.

korf, basket.   *korven*, baskets.
brief, letter.   *brieven*, letters.
huis, house.   *huizen*, houses.
haas, hare.   *hazen*, hares. [1])

Formerly if a syllable ending in *i* was followed by another beginning with a vowel, a *j* was interpolated, as *ik draai*, I turn, *wij draaijen*, we turn; — this is no longer the case.

All nouns are written in Dutch without capitals, except personal proper names and those of countries, towns, rivers, sciences, and titles before names.

In adjectives or adverbs derived from verbs or substantives before the termination *-e-lijk* (pr. *ĕ-lĕk*) (= Eng. *-ly*) soft consonants *v*, *z*, *ng* and *g* are generally *hardened* into *f*, *s*, *nk* and *ch*. Exx.

vergeev- (to pardon)   *vergēfelijk*
geneez- (to heal)   *genēselijk*
ontvang- (to receive)   *ontvankelijk*

In the last-mentioned case (*ch* in st. of *g*) our present orthographical system dissembles this most obvious fact, which

---

[1]) An exception to this rule is formed by a few words ending in *ts*, in which the *s* does not change into *z*, because the soft *z* cannot come after the hard *t*: *spits*, point; *spitsen*, points.

it plainly acknowledges in the three other cases. Exx. We write *dragelijk* (tolerable), *bewegelijk* (movable), *onoogelijk* (hideous) though we *pronounce* with the H: *drᴀ̄ʜĕlĕk*, *bĕwaiʜĕlĕk*, *ònnoaʜĕlĕk—degelijk* (sound, solid), *mogelijk* (possible) and *onmogelijk* (impossible) are *pronounced* with the G.

N.B. In the last few years more than one new way of spelling, more natural and much less troublesome than the present one have been attempted not entirely without success.

B.
THEORETICAL PART.

GRAMMAR.

CHAPTER I.

THE SUBSTANTIVE (HET NOEMWOORD).

1. *The number.*

The plural is generally formed by adding *-en* to the stem and only *-n* when the word ends in *e*.

dier, animal.	*dieren*, animals.
meening, opinion.	*meeningen*, opinions.
straat, street.	*straten*, streets.
muur, wall.	*muren*, walls.
lip, lip.	*lippen*, lips.
stuk, piece.	*stukken*, pieces.
wolf, wolf.	*wolven*, wolves.
dief, thief.	*dieven*, thieves.
huis, house.	*huizen*, houses.
bode, messenger.	*boden*, messengers.
gave, gift.	*gaven*, gifts.

1). According to the above mentioned general rule nouns,

of which the vowel is short in the singular, must double their final consonant to form their plural, as:

pen, pen. *pennen*, pens.
kat, cat. *katten*, cats.

2). Several nouns are excepted from this rule and have a long vowel in the plural, though in the singular the vowel is short.

bad, bath, *bāden*. *hol*, cavern, *hōlen*.
blad, leaf, *blāden*. *lot*, lot, *lōten*.
dag, day, *dāgen*. *pad*, path, *pāden*.
dak, roof, *dāken*. *rad*, wheel, *rāden*, or *rāderen*.
dal, valley, *dālen*. *slag*, battle, *slāgen*.
gat, hole, *gāten*. *slot*, lock, *slōten*.
glas, glass, *glāzen*. *staf*, staff, *stāven*.
god, god, *gōden*. *spel*, play, *spēlen*.
graf, grave, *grāven*. *vat*, tub, *vāten*.

3). Nouns ending in *-el*, *-er*, *-aar*, and *-ier* in the singular may take either *-s* or *-en* in the plural. *-s* is mostly used in the familiar style.

regel, rule. *regels*, *regelen*.
vader, father. *vaders*, *vaderen*.

4). Substantives ending in *-em* and *-en*, and all diminutives in *-je* exclusively form their plural in *-s*.

bodem, bottom. *bodems*, bottoms.
degen, sword. *degens*, swords.
briefje, note. *briefjes*, notes.

5). Nouns ending in *-heid* change this ending into *heden*:

waarheid, truth, *waarheden*.
dwaasheid, folly, *dwaasheden*.

Smid, blacksmith, has in the plural *smeden*, *lid*, member, *leden*, *schip*, vessel, *schepen* and *stad*, town, *steden*.

6). Those ending in *man* change *man* into *lieden*:

koopman, merchant, *kooplieden*.

krijgsman, warrior, *krijgslieden* [1]).

7). Some nouns have a double and a few even a triple plural:

hoen, fowl.   *hoenders, hoenderen.*
volk, people. *volkeren, volken.*
kleed, dress. *kleederen*, dresses, *kleeden*, covers.
kalf, calf.   *kalveren, kalven.*
blad, leaf.   *bladeren*, leaves of a tree (in poetry *bladers*), *bladen*, leaves of a book.
been, leg, bone. *beenderen*, bones. *beenen*, legs.

8). Nouns ending in (toneless) *ĕ* should according to the prescription of our grammarians form their plural by affixion of *n*. Exx. *groente* (kind of vegetables) pl. *groenten*, etc. In conversational language, however, in stead of these forms, we very often make use of a plural in *s*, as *groentes* (vegetables), *geraamtes* (skeletons), *gebergtes* (chains of mountains), *tobbes* (tubs), etc.

2. *The gender.*

Neuter are:

1. Proper names of countries, cities and villages, as: *Holland, Amsterdam.*

2. Infinitives of verbs and adjectives used as nouns, as: *het eten*, eating, *het drinken*, drinking, *het kwade*, evil.

3. All diminutives of nouns in *-tje, -ke (ske)* and *-lijn*, as: het *boekje* or *boekske*, the little book.

4. Nouns ending in *-sel*, as: *het voedsel*, the food, *een deksel*, a lid, etc.

---

[1]) Except names of natives of certain countries, as: *Franschman*, Frenchman, plur. *Franschen; Engelschman*, Englishman, plur. *Engelschen*, and words, in which the syllable *-man* at the end has nothing to do with the word *man: kaaiman* (crocodile) *kaaimannen*.

5. Many nouns beginning with *ge-* derived from other nouns, as: *het gebergte*, the chain of mountains, *het geboomte*, the trees (most of these words have a *collective* or *combinational* signification), and all nouns beginning with *ge-* derived from verbs, as: *geschrei*, crying, from *schreien*, to cry.

6. Dissyllables beginning in *be-*, *ge-*, *her-*, *ont-* or *ver-*, as: *het bedrog*, the deceit, *het geloof*, the belief, *het ontslag*, the dismissal, *het verslag*, the report; except *verkoop*, sale, *herdruk*, reprint, *verwant*, relation, *ontvangst*, receipt and *bekomst*, (one's) fill.

7. The names of metals, as: *het goud*, gold, *het ijzer*, iron, *het koper*, copper, also the names of many productions when the species only is signified, as: *het laken*, the cloth, *het papier*, the paper.

8. All words ending in *-dom*, signifying a body or collection of persons, as: *het priesterdom*, the priesthood — *heiligdom*, sanctuary, *vorstendom*, principality and *Kristendom* are neuter too.

Words ending in *-schap* are neuter when they imply a dignity or an office. Exx. *het broederschap*, the brotherhood, *het priesterschap*, the priesthood, *het stadhouderschap*, the dignity of a stadholder. *Het gezelschap*, the company and *het genootschap*, the association, are also neuter.

All the rest of the words ending in *-dom* and *-schap* are *not* neuter and take the article *de*. Exx. *de adeldom*, nobility, *de ouderdom*, (old) age — *de vriendschap*, friendship etc.

All words, which do not belong to the *neuter* are of the *epicene gender*, grammatical difference between *masculine* and *feminine* being an unknown thing in the Dutch language of this period.

As it has been told before, *special terminations* for *masculine* or *feminine* gender do not exist in modern Dutch.

As to the *special feminine pronouns: zij* (she) and *haar* (her) their use is in the spoken language almost absolutely confined to the designation of *female persons* or *personifications*. Only a few particularities must be noted down. Particular *substances*, especially eatable or drinkable substances, are often referred to in common life by means of the pronoun *ze* in stead of *hij*. Ex. *ze is heerlijk, die brei* (it is delicious, that porridge). In many families, *pussy, the cat* is spoken of as a *ze* (she) no matter whether the individual in question really *is* a she-cat or not, etc.

For *the abstractions of human thought*, such as *qualities* and *properties, proportions, conditions* — *arts* and *sciences, duties, virtues* and *vices, health* and *illness*, etc., it must be observed that in the spoken language *pronominal designation in itself* is in this case *almost absolutely avoided*. In speaking of a quality, a proportion, a science, a virtue, etc. we will generally neither say *hij* nor *zij*, but either repeat the substantive and say f.i. *die hoedanigheid*, that quality, *die toestand*, that condition, *die wetenschap*, that science, etc. or turn the whole of the phrase in an other way. For this reason it may perhaps be a good and a useful rule that in the *written* language (as indeed it *has* been done until now) any kind of abstractions of human thought should be referred to by means of the *feminine* pronouns: *zij* and *haar*. The same rule might also be applied to *combinations of persons*, such as an *assembly* or *meeting* (D. *vergadering*), society (D. *de maatschappij*), etc.

3. Compound substantives.

The following different kinds of compound nouns may be distinguished in Dutch: 1. Nouns formed from two substantives, as: *huisvader*, father of a family, *vruchtboom*, fruittree. 2. Nouns formed from a substantive and an adjective, as: *grootvader*, grandfather, *hoogmoed*, pride, literally: high mind. 3. Nouns formed from a substantive and a verb, as: *drinkgeld*, drinkmoney. 4. Nouns formed from a substantive and a pronoun, as: *zelfmoord*, selfmurder, suicide, etc.

In compound nouns formed of two substantives either both nouns remain unaltered, as: *huisvader*, father of a family, *vruchtboom*, fruittree; or the first noun takes an *s* or *e*, as: *levensbeschrijving*, biography, *pennemes*, penknife.

4. *Formation of diminutives.*

Diminutives are formed by adding *-tje*, *-ske* (or *-sken*), and in poetry sometimes *-lijn* to the noun. The ending *-tje* after certain letters may assume the form of *-je* or *-pje*.

draad, thread, *draadje*.
brief, letter, *briefje*.
vlieg, fly, *vliegje*.
dak, roof, *dakje*.
visch, fish, *vischje*.
boek, book, *boekje*, or *boekske(n)*.
maagd, girl, *maagdelijn*.

When the noun ends in a vowel or in one of the consonants *l, n, r,* or *w*, the ending *tje* remains unchanged.

koe, cow, *koetje*.
vogel, bird, *vogeltje*.
steen, stone, *steentje*.
kamer, room, *kamertje*.
vrouw, wife, *vrouwtje*.

When the noun ends in *m*, *tje* is changed into *pje*.

boom, tree, *boompje*.
bloem, flower, *bloempje*.

Monosyllabic nouns ending in a short vowel followed by *l*,

m, or *n* take an *ĕ* before the termination *-tje* and double the consonant, as:
>*schel*, bell, *schelletje*.
>*man*, man, *mannetje*.
>*kom*, basin, *kommetje*.

5. *Formation of words for special designation of feminine persons or animals.*

In order to form the feminine of nouns designating male persons or male animals the Dutch generally add *-in* to the masculine and the stress is laid on this last syllable, as:

een keizer, an emperor. *een keizerin*, an empress.
een herder, a shepherd. *een herderin*, a shepherdess.
een graaf, an earl. *een gravin*, a countess.
een wolf, a wolf. *een wolvin*, a she-wolf.

There are, however, many names of living beings, that have but one form for both genders, as *arend* (eagle), *haas* (hare), *duif* (dove), *muis* (mouse), (epicene) — *paard* (horse), *schaap* (sheep), *kind* (child), (neuter).

Nouns, derived from verbs and ending in *-er*, generally form their feminine by changing *-er* into *-ster*, as:
een bedrieger, a deceiver. *een bedriegster*, a female deceiver.
een inwoner, an inhabitant. *een inwoonster*, a female inhabitant.
een vleier, a flatterer. *een vleister*, a female flatterer.

Of some other nouns the feminine is formed by adding *-ès* to the masculine, with the stress on this last syllable, as:

een dienaar, a servant. *een dienarès*, a maid servant.
een lezer, a reader. *een lezerès*, a female reader.
een baron, a baron. *een baronès*, a baroness.
een profeet, a prophet. *een profetès*, a prophetess.

The feminine of natives of countries is expressed by the

subst. *vrouw* (woman), preceded by an adjective **derived** from the name of the country, as:

 een Hollander, a Dutchman.   *een hollandsche vrouw*,
             a Dutch **woman.**
 een Franschman, a Frenchman.   *een fransche vrouw*,
             a French **woman.**

Vrouw may be omitted and the adj. used as a subst., *een Fransche*, a French woman.

Some nouns ending in *man* form their feminine by changing *man* into *vrouw*, as: *koopman*, merchant, *koopvrouw; buurman*, neighbour, *buurvrouw*. Irregular in the formation of the feminine are *abdis*, abbess, from *abt*, abbot; *dievegge*, female thief, from *dief*, thief.

CHAPTER II.

THE ADJECTIVE (HET BESCHRIJFWOORD).

---

1. *Formation and derivation of adjectives.*

Adjectives are either original words, as: *groot*, **great,** *goed*, good, *schoon*, beautiful, or formed from nouns, **by the** addition of a terminational particle, as: *moedig*, **courageous,** *menschelijk*, human, or composites formed from **two nouns,** as: *liefderijk*, rich in love, *vrijwillig*, voluntary.

The principal terminational particles of Dutch **adjectives** are: *-baar, -loos, -lijk, -zaam, -en, ig, -sch, -haftig* **and** *-achtig*, as:

  vruchtbaar, fertile.   *deugdzaam*, virtuous.
  eetbaar, edible.   *leerzaam*, docile.
  blijkbaar, apparent.   *hemelsch*, heavenly.
  gouden, golden.   *hollandsch*, Dutch.
  steenen, (of) stone.   *ernstig*, serious.

moedig, courageous.   *heldhaftig*, heroic.
levendig, lively.

-loos and *-lijk* (pr. *lĕk*) are equivalent to the English *-less* and *-like*, or *-ly*, as:
vaderloos, fatherless.   *goddelijk*, godlike.
geldeloos, moneyless.   *doodelijk*, deadly.

The termination *-en* generally means: *made of*, as: *gouden*, made of gold, golden.

The termination *-achtig* has the same signification as *-haftig*, in words with this termination the accent generally falls on the first syllable, as:
wit, white.   *steen*, stone.
witachtig, whitish.   *steenachtig*, stony.

In *waaráchtig*, truthful, the stress falls on the second syllable, likewise in *woonáchtig*, residing, *deeláchtig*, partaking of, *waaráchtig* (undubitably) true etc.

2. Declension of Adjectives.

The rules for spelling given hereabove are also to be applied to the adjectives, as:

zwaar, heavy.   *de zware arbeid*, the heavy labour.
zuur, sour.   *de zure vrucht*, the sour fruit.
snel, quick.   *een snelle vlucht*, a quick flight.
dik, thick.   *een dikke boom*, a stout tree.
dor, withered.   *een dorre tak*, a withered branch.
grof, rough.   *grove trekken*, rough features.
wit, white.   *witte wol*, white wool.
lief, dear.   *lieve moeder*, dear mother.
braaf, good.   *brave vrouw*, good woman.
wijs, wise.   *de wijze man*, the wise man.
lui, idle.   *de luie leerling*, the idle pupil.
fraai, beautiful.   *fraaie bloemen*, beautiful flowers.

Adjectives in -*en* or adjectives in -*er* derived from the names of towns remain unaltered, as:

een houten lepel, a wooden spoon.
een wollen kous, a woollen stocking.
een Groninger koek, a cake baked at Groningen.
but *een lakensche jas*, a cloth coat. (*lakensch*).

In plural adjectives never take the plural sign -*n* or -*en* as substantives do. (This rule is not available for the dialects of one or two eastern provinces).

Wij zijn alle sterfelijk,   We are all mortal, the
zoowel de rijke als de arme.   rich as well as the poor.

3. Degrees of comparison.

Lang, long, *langer*, longer, *de langste*, the longest. In the same manner:

groot, great.	*grooter*.	*de grootste*.
zwak, weak.	*zwakker*.	*de zwakste*.
braaf, brave.	*brāver*.	*de braafste*.
boos, wicked.	*boozer*.	*de booste* (i. st. of *boosste*).
mooi, handsome.	*mooier*.	*de mooiste*.

Adjectives ending in *r* take *d* before the termination -*er* of the comparative, as:

zwaar, heavy.	*zwaarder*, heavier.
duur, dear.	*duurder*, dearer.
dor, dry.	*dorder*, drier.
ver, far.	*verder*, farther.

Sometimes the comparative is formed by placing the adverb *meer*, more, and the superlative by placing *meest*, most, before the adjective, as: *doordrongen*, penetrated, *meer doordrongen*, more penetrated, *meest doordrongen*, most penetrated. This is generally the case with adjectives having three or more syllables.

The following adjectives are irregular in the formation of the comparative and superlative, in Dutch as well as in English:

weinig, little, *minder*, *minst*.
goed, good, *beter*, *best*.
veel, much, *meer*, *meest*.
kwaad, evil, *erger*, *ergst*.
(in the meaning of *angry: kwader, kwaadst*).

With comparatives *dan* is used in the same way as *than* in English, as:

De roos is mooier dan veel andere bloemen.   The rose is more beautiful than many other flowers.

Wie was welsprekender dan Cicero?   Who was more eloquent than Cicero?

The Dutch comparatives *zoo, evenzoo, niet zoo — als* are translated in English by as — as, and not so — as. Exx.

Mijn vriend is zoo (evenzoo) geleerd als jij (or U).   My friend is as learned as you.

Jij bent (or U is) niet zoo geleerd als mijn vriend.   You are not so learned as my friend.

CHAPTER III.

THE VERB (HET MELDWOORD). I.

Normal conjugation.

A verb is called normal when its stem does not undergo any alteration in conjugation. Of normal verbs the Imperfect Indicative ends in -*de* or -*te*, and the Past Participle in -*d* or -*t*.

PARADIGM OF AN ACTIVE OR TRANSITIVE VERB.

Infinitive mood.
Present tense.
beminnen, to love.
Present Part.
beminnende, loving.
Past Part.
bemind, loved.

Indicative mood.
Present.

ik bemin, I love.	*wij beminnen,* we love.
gij bemint, thou lovest.	*gij bemint,* you love.
... *bemint,* ... loves.	... *beminnen,* ... love.

Imperfect.

ik beminde, I loved.	*wij beminden,* we loved.
gij bemindet, thou lovedst.	*gij bemindet,* you loved.
... *beminde,* ... loved.	... *beminden,* ... loved.

Past Indefinite.	Pluperfect.
ik heb bemind, I have loved.	*ik had bemind,* I had loved.

Future.
ik zal beminnen, I shall love.
Future Anterior.
ik zal bemind hebben, I shall have loved.
Conditional.
ik zou beminnen, I should love.
Conditional Anterior.
ik zou bemind hebben, I should have loved.

Imperative mood.
bemin, love thou.
bemint, love ye.

The third person singular and the first and third persons plural of the Imperative or rather (according to the newer terminology) the forms of the *Jussive* mood are formed in Dutch as in English by the verb *laten*, to let, and the Present Infinitive of the verb to be conjugated, as: *laat hem beminnen, laat ons beminnen*, let him love, let us love.

Subjunctive mood.
Present tense.
(*dat*) *ik beminne*, that I may love.
(*dat*) *gij bemint*, that thou mayst love, etc.

PARADIGM OF THE PASSIVE VOICE.

Infinitive mood.
Present tense.
bemind worden, to be loved.
Pres. Participle.
bemind wordende, being loved.
Past Participle.
bemind geworden, been loved.

Indicative mood.
Present tense.
ik word bemind, I am loved.
Imperfect.
ik werd bemind, I was loved.
Past Indefinite.
ik ben bemind geworden, I have been loved.
Pluperfect.
ik was bemind geworden, I had been loved.
Future.
ik zal bemind worden, I shall be loved.
Future Anterior.
ik zal bemind geworden zijn, I shall have been loved.
Conditional.
ik zou bemind worden, I should be loved.

Past Conditional.
ik zou bemind zijn, I should have been loved.
Imperative.
word bemind, be thou loved.
wordt bemind, be ye loved.

Subjunctive mood.

Present.
(*dat*) *ik bemind worde*, that I may be loved.
Imperfect.
(*dat*) *ik bemind werde*, that I might be loved.
Past Indefinite.
(*dat*) *ik bemind geworden zij*, that I may have been loved.
Pluperfect.
(*dat*) *ik bemind geworden ware*, that I might have been loved.

Neuter verbs.

Some neuter verbs are conjugated with *hebben* and others with *zijn;* with *zijn* are conjugated such verbs as express rather a state of existence or suffering than an action, as: *blijven*, to stay; *sterven*, to die; *ontwaken*, to awake; *zinken*, to sink; with *hebben* those, which imply an action, as: *brullen*, to roar; *leven*, to live; *vluchten*, to take flight; etc.

Many neuter verbs signifying motion may be conjugated either with *zijn* or with *hebben*. *Zijn* is used when the place, where the action occurred, is designated; *hebben*, when merely the action is indicated, without allusion to the place, as: *hij heeft veel gezwommen*, he has swum a great deal; *hij is over de rivier gezwommen*, he has (is) swum across the river.

Reflective verbs.

Reflective verbs are conjugated with the personal pronouns *mij, je, ons* and *zich*.

CONJUGATION OF A REFLECTIVE VERB.

ZICH SCHAMEN, to be ashamed.

ik schaam me,	I am ashamed.
jij schaamt je,	thou art ashamed.
... schaamt zich,	... is ashamed.
wij schamen ons,	we are ashamed.
jelui, julli schaamt je,	you are ashamed.
... schamen zich,	... are ashamed.
ik schaamde me,	I was ashamed.
ik heb me geschaamd,	I have been ashamed.
ik zal me schamen,	I shall be ashamed.
schaam je,	be thou ashamed.
schaam julli,	be ye ashamed.

The Dutch has also a few verbs, that are exclusively reflective, as: *zich bezinnen,* to recollect; *zich onderstaan,* to venture; other reflective verbs are formed from active verbs, as: *zich wasschen,* to wash oneself, *zich vereenigen,* to come together (*wasschen,* to wash, *vereenigen,* to unite).

Impersonal verbs.

Some neuter verbs expressing general facts or the state of the elements, are only used in the Infinitive mood and in the third person singular with *het* for subject. They are called impersonal verbs; such are:

het hagelt, it hails.	*het dooit,* it thaws.
het sneeuwt, it snows.	*het waait,* it blows.
het dondert, it thunders.	*het gebeurt,* it happens.
het bliksemt, it lightens.	*het past,* it beseems.

In Dutch, like in English, *er* (there) is often used with an impersonal verb instead of *it,* as:

Er is een groot onderscheid tusschen deze kinderen.	There is a great difference between these children.

Er zijn veel menschen,   There are many people
die dat niet gelooven.   who do not believe that.

CHAPTER IV.

THE VERB (HET MELDWOORD). II.

Dissonant conjugation.

A verb is called dissonant, when the radical vowel is changed in the Imperfect, and the Past Participle ends in -*en* instead of -*d* or -*t*, as: *drijv-*, to drive, *dreev-*, *gedrēven*. The other tenses are all conjugated like those of the normal verbs.

The dissonant verbs, as we mentioned above, are divided into three classes and subdivided into 23 smaller groups, which will be separately described in the following lines:

First Class.

1st Group. Verbal stems with short vowel ĭ followed by one of the nasal sounds *n*, *m* or *ng*. Ex. *bind-*, Impt. t. *bond(en)*, Past Part. (*ge*)*bond*(*en*). 23 verbs: *bind-* (to bind), *blink-* (to shine), *ding-* (to bargain, to compete), *dring-* (to throng), *drink-* (to drink), *dwing-* (to compel), (*be*)*ginn-* (to begin), *glimm-* (to glitter), *klimm-* (to climb), *klink-* (to sound), *krimp-* (to shrink, to shrivel), (*ver*)*slind-* (to swallow), *spinn-* (to spin), *spring-* (to spring), *stink-* (to stink), *vind-* (to find), *wind-* (to wind), *winn-* (to win), *wring-* (to wring), *zing-* (to sing), *zink-* (to sink) and *zinn-* (or [*ver*]-*zinn-*) (to think of..., to invent).

2nd Gr. Verbal stems with short vowel *ĕ* followed by one of the consonants *n*, *m*, *r* and *l* [with this restriction, that of the verbs ending in *erv*, *elv* and *elp* only two, *kerv*-

(to carve) and *delv-* (to dig), belong to this class]. Besides these the class contains two single verbs, where the consonant *r* in stead of following the vowel *precedes* it, viz. *treff-* (to hit) and *trekk-* (to draw). Ex. *smelt-*, Impf. *smolt(en)*, P. P. *ge-smolt-en*. 15 verbs: *berg-* (to put away), *delv-* (to dig), *geld-* (to be available), *kerv-* (to carve), *melk-* (to milk), *scheld-* (to scold), *schend-* (to violate), *schenk-* (to pour out, to bestow), *smelt-* (to melt), *zend-* (to send), *zwelg-* (to swallow, to revel), *zwell-* (to swell), *zwemm-* (to swim), *treff-* (to hit) and *trekk-* (to draw).

3rd Gr. Verbal stems ending in *eer* or *eeg*. Ex. *scheer-*, Impf. *schoor(en)*, P. P. *ge-schoor-en*. Only 3 verbs: *scheer-* (to shave), *weeg-* (to weigh) and *be-weeg-* (to move).

4th Gr. Verbal stems with the vowel *ij*. Ex. *bijt-*, Impf. *beet(en)*, P. P. *ge-beet-en*. 46 verbs: *bijt-* (to bite), *blijk-* (to appear), *blijv-* (to remain), *(ver)dwijn-* (to disappear), *glijd-* (to glide), *grijp-* (to gripe, to snatch), *hijsch-* (to hoist), *kijk-* (to look), *kijv-* (to scold), *knijp-* (to pinch), *krijg-* (to get), *krijsch-* (to shriek), *krijt-* (to whine, to wail), *kwijt-* (to quit), *lijd-* (to suffer), *(over)lijd-* (to decease), *lijk-* (to resemble), *mijd-* (to avoid), *nijg-* (to incline, to courtsey), *nijp-* (to pinch), *prijz-* (to praise), *rijd-* (to ride, to drive), *rijg-* (to lace), *rijz-* (to arise, to mount), *rijt-* (to tear open)*,* [*rijv-* (to rate, to rasp)], *schijn-* (to be in appearance), *schrijd-* (to stride), *schrijv-* (to write), *slijp-* (to grind), *smijt-* (to throw), *snijd-* (to cut), *spijt-* (to displease) (impersonal verb: only *het spijt*), *stijg-* (to mount), *splijt-* (to slit), *stijv-* (to stiffen) (may also be conjugated as a normal verb), *strijd-* (to fight), *strijk-* (to stroke), [*tijg-* (to indicate, to accuse) †], *wijk-* (to retreat), *wijt-* (to reproach), *wijz-* (to

---

† This verb is obsolate. Another verb *tijgh-* with Imperf. *toog(en)* and P. P. *ge-toog-en* is used as a stately term for *going on, departing, setting off*.

show), *wrijv-* (to rub), *zijg-* (to sink), *zwijg-* (to be silent) and *be-zwijk-* (to give way). The verb *hijsch-* (to hoist) only forms the P. P. in this way: *ge-he(e)sch-en*, but the Imperf. follows the normal conjugation: *hijschte*.

5th Gr. Verbal stems with the vowel *ie*. Ex. *bied-*, Impf. t. *bood(en)*, P. P. *ge-bood-en*. 13 verbs: *bied-* (to offer), *(be)drieg-* (to deceive), *(ver)driet-* (to sadden), *giet-* (to pour), *kiez-* (to choose), *lieg-* (to lie), *(ver)liez-* (to loose), *(ge)niet-* (to enjoy), *schiet-* (to shoot), *vlied-* (to fly, to run away), *vliet-* (to flow), *vlieg-* (to fly, as a bird) and *vriez-* (to *freeze*) (*vroor*, *gevroren* in st. of *vroos*, *gevrozen*).

6th Gr. Verbal stems with the vowel *ui*. Ex. *buig-*, Imperf. t. *boog(en)*, P. P. *ge-boog-en*. 20 verbs: *buig-* (to bow), *druip-* (to drip), *duik-* (to plunge), *fluit-* (to whistle), *kluiv-* (to gnaw a bone), *kruip-* (to creep), *luik-* (to shut), *pluiz-* (to ravel), *schuiv-* (to push), *schuil-* (to take shelter) (also weak), *sluip-* (to sneak), *sluit-* (to shut), *snuit-* (to snuff [a candle], to blow [one's nose], *snuiv-* (to snuff, to take snuff), *spuit-* (to spout), *spruit-* (to sprout), *stuiv-* (to raise dust), *zuig-* (to suck), *ruik-* (to smell) and *zuip-* (to quaff, to tope).

7th Gr. The only dissonant verb with the vowel *uu*: *spuu(g)-* (to spit), Impf. t. *spoog(en)*, P. P. *ge-spoog-en*. The Present tense of this verb casts off its *g*: *ik spuu* (written: *spuw*), *jij spuut* (*spuwt*), ... *spuut* (*spuwt*), etc. Inf. *spuu en* (written: *spuwen*).

Second Class.

8th Gr. Verbal stems ending in *èrp*, *èrv*, *èlp-* and *èlv*, Ex. *help-*, Impf. t. *hielp(en)*, P. P. *ge-holp-en*. 6 verbs: *(be)derv-* (to spoil), *sterv-* (to die), *werv-* (to enlist), *zwerv-* (to roam), *werp-* (to cast) and *help-* (to help). [As we observed above two verbs: *delv-* (to dig) and *kerv-* (to carve), follow the *first class*, 2d group.]

9th Gr. One single verbal stem ending in *eff*. *heff*- (to heave), Impf. t. *hiev(en)*, P. P. *ge-heev-en*. [The only other dissonant verb in *eff*, viz. *treff*- (to hit) follows the *first class*, 2d group.]

10th Gr. The only dissonant verb ending in *epp*: *schepp*- (to create), Impf. t. *schiep(en)*, P. P. *ge-schaap-en*. *schepp(en)* with the meaning of *taking up* with a ladle, scoup or shovel follows the *normal conjugation*: *schepte, geschept*.

11th Gr. Verbal stems ending in *eek, eel* and *eem*. Ex. *breek-*, Imperf. t. *braak(en)*, P. P. *ge-brook-en*. 7 verbs: *(be)- veel-* (to command), *neem-* (to take), *spreek-* (to speak), *steek-* (to sting, to put), *steel-* (to steal) and *breek-* (to break). *wreek-* (to revenge) only forms the Past Participle in this way: *gewroken*, but in the Imperf. tense it follows the normal conjugation: *wreekte(n)*.

12th Gr. Verbal stems with short vowel *i not* followed by one of the nasal sounds *n, ng* or *m*. Ex. *bidd-*, Impf. t. *baad(en)*, P. P. *ge-beed-en*. 3 verbs: *bidd-* (to pray), *ligg-* (to lie down) and *zitt-* (to sit).

Third Class.

13th Gr. Verbal stems ending in *aag, aav* and *aar*. Ex. *draag-*, Impf. t. *droeg(en)*, P. P. *ge-draag-en*. 4 verbs: *draag-* (to bear), *graav-*, *raar-* and *slaa(g)*. The last-mentioned verb casts off its *g* in the present tense, *ik slaa* (written: *sla*), *jij slaat*, ... *slaat, wij slaan*, etc. Inf. *slaan*, Pres. Part. *slaand(e)*. [This group is partly joined by three *semi-dissonant* verbs: *jaag-* (to drive away, to hunt), *vraag-* (to ask) and *waai-* (to blow, of the wind) which follow the *normal* conjugation in their *Past Participle* but make in the Imperf. t. *joeg(en), vroeg(en)* and *woei(en)*].

14th Gr. Verbal stems ending in *aat, aad, aap* and *aaz*. Ex. *laat-*, Imp. t. *liet(en)*, P. P. *ge-laat-en*. 4 verbs:

blaaz- (to blow), *laat-* (to let), *raad-* (to advise, to guess) and *slaap-* (to sleep).

15th Gr. Verbal stems ending in *àng*. Ex. *vang-*, Impf. t. *ving(en)*, P. P. *ge-vang-en*. Only 2 verbs: *vang-* (to catch) and *hang-* (to hang).

16th Gr. Verbal stems ending in *àll* or *àss*. Ex. *vall-*, Impf. t. *viel(en)*, P. P. *ge-vall-en*. 3 verbs: *vall-* (to fall), *wass-* (to grow) and *wass(ch)-* (the *ch* is not sounded) (to wash).

17th Gr. Verbal stems with the vowel *ou*. Ex. *houw-*, Impf. t. *hieuw(en)*, P. P. *ge-houw-en*. 2 verbs: *houw-* (to hew) and *hou(l)d-* (to hold). The last-mentioned verb casts out its *l* in the present tense and cognate forms: *ik houd* (commonly *ik hou*), *jij houdt*, ... *houdt*, *wij houden* (commonly *hou'en*). Inf. *houden* (comm. *hou'en*), Pres. Part. *houdend(e)*.

18th. Gr. Verbal stems with the vowel *oo*. Ex. *loop-*, Imperf. t. *liep(en)*, P. P. *ge-loop-en*. 2 verbs: *loop-* (to run) and *stoot-* (to push, to butt).

19th. Gr. Verbal stems ending in *eet*, *eed*, *eev* or *eez*. Ex. *meet-*, Imperf. t. *maat(en)*, P. P. *ge-meet-en*. 8 verbs: *eet-* (to eat), *(ver)geet-* (to forget), *geev-* (to give), *leez-* (to read), *meet-* (to measure), *(ge)neez-* (to cure, to heal), *treed-* (to tread) and *vreet-* (to swallow); *eet-* takes *geg* instead of *ge* in the P. P. *geg-eet-en* (written: *gegeten*).

20th Gr. The only dissonant verbal stem with the vowel *oe*: *roep-* (to call), Imperf. t. *riep(en)*, P. P. *ge-roep-en*.

21st Gr. The only dissonant verbal stem with the vowel *ò*: *word-* (to get, to become), Imperf. t. *werd(en)*, P. P. *ge-word-en*.

22nd Gr. The verb *zie(g)-*. *zie(g)-* (to see), Imperf. t. *zaag(en)*, P. P. *ge-zie-n*. [This verb casts off its *g* not only in the Present tense with cognate forms but also in the

Past Participle: *ik zie, jij ziet, ... ziet, wij zien*, etc. — Inf. *zien* in st. of *zie(g)en*, Pres. Part. *ziend(e)* in st. of *zie(g)end(e)*, Past Part. *gezien* in st. of *gezie(ge)n*].

23rd Gr. The verb *k(w)oom-* (to come). This verb casts out its *w* not only in the Present tense with cognate forms, but also in the Past Participle. Imperf. t. *kwaam(en)*, P. P. *ge-koom-en*. The *singular* of the Present tense changes *oo* into short *o: ik kom, jij komt, ... komt*, pl. *wij koomen* (written: *komen*), etc.

A few verbs forming their Past Participle after the third class of dissonant verbs have an Imperfect tense of the *normal conjugation*. They are:

barst- (to burst), Impf. t. *barstte(n)*, P. P. *ge-barst-en* (also *berst-*, which regularly follows the *first* class, 2nd group).

	Impf. t.	P. P.
bakk- (to bake)	*bakte(n)*	*ge-bakk-en*
lach- (to laugh)	*lachte(n)*	*ge-lach-en*
bann- (to bannish)	*bande(n)*	*ge-bann-en*
spann- (to extend)	*spande(n)*	*ge-spann-en*
laad- (to charge, to load)	*laadde(n)*	*ge-la(a)d-en*
maal- (to grind)	*maalde(n)*	*ge-ma(a)l-en*
braad- (to roast)	*braadde(n)*	*ge-bra(a)d-en*
spouw- (to cleave)	*spouwde(n)*	*ge-spouw-en*
vouw- (to fold)	*vouwde(n)*	*ge-vouw-en*
weev- (to weave)	*weefde(n)*	*ge-we(e)v-en*
heet- (to call, to be called)	*heette(n)*	*ge-heet-en*
scheid- (to separate)	*scheidde(n)*	*ge-scheid-en*

IRREGULAR CONJUGATION.

The following nineteen verbs may in some way be considered „irregular" ones:

1. *Kunnen* (can). (This verb and the four following

ones have a Present tense, that formerly was an Imperfect and is conjugated as such. Nevertheless they all form a new Imperfect in the common way). Pres. tense (*ik*, *hij*) *kan* (I, he) can, *gij* (*jij*), *gijlieden* (*jelui*) *kunt*, *wij*, *zij kunnen*. Impf. t. *ik kon* in st. of *kon(de)*. Inf. *kunnen*. Pres. Part. *kunnende*. In stead of the Past Part. *gekund* we use the form of the Inf. Exx. *dat heb ik kunnen doen*, I have been able to do that. (Nevertheless we may say without Inf. *ik heb het vroeger gekund*, I have been able to do it formerly).

2. *Moeten* (must), Pres. t. *moet* (1 and 3 p. S.), *moet* (in st. of *moett(e)* (2 p. S. and Pl.), *moeten* (1 and 3 p. Pl.). Imp. *moest, moest, moesten*. Inf. *moeten*. Pres. Part. *moetende*. In st. of the Past Part. here again we nearly always use the form of the Inf. *moeten*.

3. *Mogen* (may), Pres. t. *mag* (1 and 3 p. S.), *moogt* (2 p. S. and Pl.), *mogen* (1 and 3 p. Pl.). Imperf. *mocht, mocht, mochten*. Inf. *mogen*. Pres Part. *mogende*. In st. of the Past Participle *gemoogd* here too we generally use the form *mogen* of the Inf.

4. *Weten* (to know, comp. the Old Eng. *I wot*), Pres. t. *weet* (1 and 3 p. Sing.), *weet* (in st. of *weett*) (2 p. Sing. and Pl.), *weten* (1 and 3 p. Plur.). Imperf. *wist, wist, wisten*. Inf. *weten*. Pres. Part. *wetende*. Past Part. *geweten* (before an Infinitive with *te* we generally use *weten* in st. of *geweten*).

5. *Zullen* (shall, will). See the „most elementary principles of grammar."

6. *Durven* (to dare) may be conjugated as a regular verb, but the Imperfect tense has both forms *durfde* (regular) and *dorst* (irregular).

7. *Gaan* (to go) makes in the Impf. tense *ging, gingen* and in the Past Part. *gegaan*.

8. *Staan* (to stand) makes in the Impf. tense *stond, stondt, stonden* and in the Past Part. *gestaan*.

9. *Doen* (to do) makes in the Impf. t. *deed* (in st. of *dede*), comm. *dee* without *d*, *deedt, deden*, comm. *deeën* and in the Past Part. *gedaan*.

10. *Zijn* (to be). See the „M. e. p. of g."

11. *Willen* (will) having no original Infinitive mood of the Pres. t. properly, uses the ancient Subjunctive mood instead of it, so that the 3 pers. Sing. has not the termination *-t*. Pres. t. *wil, wilt, willen*. Imperf. t. *wilde* (comm. *woû*), *wildet* (comm. *je woudt* or *je wou*), *wilden* (comm. *wou[d]en*). Past Part. *gewild*.

12. *Hebben* (to have). See the „M. e. p. of g."

13. *Plegen* (to „use", to be accustomed) is regular in the first meaning, in the other it takes *plag* or *placht* (*placht, plachten*) (= used) for its Impf. tense.

14. *Werken* (to work, to produce) has in the latter meaning for its Imperfect tense *wrocht, wrocht, wrochten* and *gewrocht* for its Past Part. In the former it has the regular forms *werkte, werkten, gewerkt*.

15. *Koopen* (to buy) has in the Impf. t. *kocht, kochten* and in the Past Part. *gekocht*.

16. *Zoeken* (to seek, to look for) makes *zocht, zochten* and *gezocht*.

17. *Brengen* (to bring) makes *bracht, brachten* and *gebracht*.

18. *Denken* (to think) makes *dacht, dachten* and *gedacht*.

19. *Dunken* [Impers. verb, (me) *thinks*] has in the Impf. t. *docht* and in the Past Part. *gedocht*.

VERBS USED INTERROGATIVELY AND NEGATIVELY.

All verbs when used interrogatively take the subject after the verb, as: *leer je?* do you learn? *schrijven zij?* do they write? In the compound tenses of verbs the subject is placed between the auxiliary and the principal verb, as: *heeft i gelezen?* has he read? *zullen we gaan?* shall we go?

Verbs when used negatively take the adverb *niet*, not, after them, as: *hij slaapt niet*, he does not sleep; *het regent niet*, it does not rain. In the compound tenses *niet* is placed between the auxiliary and the principal verb, as: *wij hebben niets gedaan*, we have done nothing.

In verbs used interrogatively and negatively the subject is placed after the verb and *niet* after the subject, as: *eet i niet?* does he not eat? In the compound tenses the subject and the adverb are placed between the auxiliary and the verb, as: *heb ik niet geantwoord?* have I not answered?

COMPOUND VERBS.

In the conjugation of compound verbs the adjunct is sometimes separated from the verb and sometimes not.

Verbs compounded of a noun and another verb, are inseparable, as: *beeldhouwen*, to carve; *brandmerken*, to brand; *dagvaarden*, to summon, etc.; ex. gr. *ik heb gebeeldhouwd*, I have carved; *ik heb gedagvaard*, I have summoned. But the compounds *brandstichten*, put fire (to); *houthakken*, to hew wood; *woordhouden*, to keep word, are separable because the verbs *stichten*, to put, *hakken*, to hew, *houden*, to keep, convey a distinct idea leading to a comprehension of the compound idea. In the simple tenses of the Indicative of such verbs the noun is placed last, as: *ik sticht brand*, I put fire (to); *ik houd woord*, I keep my word. In tenses compounded with the Past Participle the noun is placed between the auxiliary and the participle, as: *ik heb brand gesticht*, etc.

Most verbs compounded of an adjective or adverb and a

verb are separable, and follow the same forms as those of the noun and verb, as: *nadoen*, to imitate, *ik heb nagedaan;* except *liefkozen*, to caress; *weerlichten*, to lighten, which are inseparable, as: *je hebt geliefkoosd*, you have caressed; *het zal geweerlicht hebben*, it will have lightened.

The initial particles of verbs *be-*, *er-*, *ge-*, *her-*, *mis-*, *ont-*, *ver-* never admit *ge-* in the formation of the Past Participle, and are always inseparable, ex. gr. *betalen*, to pay, *ik heb betaald*, I have paid (not *gebetaald*); *ervaren*, to experience, *ik heb ervaren; gelooven*, to believe, *ik heb geloofd; herhalen*, to repeat, *ik heb herhaald; ontvangen*, to receive, *ik heb ontvangen; verwijten*, to reproach, *ik heb verweten.*

Verbs taking a preposition as an adjunct, are sometimes separable and sometimes not; prepositions which may be prefixed in both ways are: *door-*, *mis-*, *om-*, *onder-*, *over-*, *achter-* and *voor-*. The same may be said of verbs beginning with the adverb *weder.*

As a general rule it may be said that when the preposition or adverb prefixed most clearly *keeps its real unweakened meaning entirely unchanged*, the composition is *separable* and the *stress* falls upon the prep. or adv. To facilitate practical application of this rule the real unweakened meaning of the words in question will be noted down below:

dóor- through, from beginning to end, continually.
mís- in the wrong way, without success.
óm- (round)about, down from its footing.
ónder- down, beneath.
óver- over, all over ..., over again.
vóor- before, on the foreside.
áchter- behind, on the backside.
wéder- again, once more.

CHAPTER V.

THE NUMERAL (Dutch *telwoord* or rather *talwoord*, number-word) and THE ADVERB (Dutch *bijwoord* or rather *omschrijvingswoord* circumscribing-word).

The numerals.

Numerals are divided into two classes, definite and indefinite numerals. The definite are subdivided into cardinal and ordinal numbers.

1. *The cardinal numbers.*

een, one, pr. *ain*.
twee, two.
drie, three.
vier, four.
vijf, five.
zes, six.
zeven, seven.
acht, eight.
negen, nine.
tien, ten.
elf, eleven.
twaalf, twelve, pr. *twālĕf*.
dertien, thirteen.
veertien, fourteen.

vijftien, fifteen.
zestien, sixteen.
zeventien, seventeen.
achttien, eighteen.
negentien, nineteen.
twintig, twenty.
eenentwintig, twenty-one.
negenentwintig, twenty-nine.
dertig, thirty.
veertig, forty, pr. *fairtĕG* [1]).
vijftig, fifty, pr. *fèyftĕG* [1]).
zestig, sixty, pr. *sèstĕG* [1]).
zeventig, seventy, pr. *saivĕntĕG* [1]).
tachtig, eighty.

[1]) forty-one, forty-two etc. are pronounced in Dutch: *ainĕnvairtĕG*, *twayĕnvairtĕG* (with the Dutch *v*). In the same way with *fifty*... We say *ainenvèyftĕG*, etc. But with *sixty* and *seventy* the *s* remains in compositions. 61, 62—71, 72 is in Dutch *ainĕnsèstĕG*, *twayĕnsèstĕG*—*ainĕnsaivĕntĕG*, etc.

negentig, ninety. *duizend,* thousand.
honderd, hundred.

2. *The ordinal numbers.*

They are formed from the cardinal numbers by adding *-de* or *-ste*, as:

de eerste, the first. *de achtste,* the eighth.
de tweede, the second. *de negende,* the ninth.
de derde, the third. *de tiende,* the tenth.
de vierde, the fourth. *de twintigste,* the twentieth.
de vijfde, the fifth. *de tachtigste,* the eightieth.
de zesde, the sixth. *de honderdste,* the hundredth.
de zevende, the seventh. *de duizendste,* the thousandth.

From the cardinal and ordinal numbers are formed:

1). Words of repetition, as: *eenmaal,* one time or once; *tweemaal,* twice; *driemaal,* three times; *tienmaal,* ten times, etc.

2). Words of division, as: *een half,* a half; *een derde,* a third; *een vierde,* a fourth; *een twaalfde,* a twelfth part, etc.

3). Words of multiplication, as: *dubbel,* double; *drievoudig,* threefold; *zesvoudig,* sixfold; *tienvoudig,* tenfold, etc.

4). Words of variety, as: *eenerlei,* of one sort; *tweeërlei,* of two sorts; *vijfderlei,* of five sorts; *tienderlei,* of ten sorts, etc.

The indefinite numerals are: *al, alle,* all, *eenige,* a few, *sommige,* some, *veel, vele,* much, many, *ieder,* each, *elk,* each, every one, *menig,* many a, *geen,* none, *weinig,* little, few.

Al, alle is often substituted for *gansch, geheel,* whole, and is then only used in the singular, as: *alle hoop op herstel van mijn geluk is verdwenen,* all hope of recovering my happiness is lost; *al het volk,* the whole people; *al de wereld,* the whole world. If *al* is used as a noun, it makes the plural *alle,* as: *alle zeggen het* (comm. *ze zeggen 'et allemaal*), all say so.

Elk, ieder, each, *eenig,* some, *menig,* many, take the form of adjectives when connected with nouns; *geen,* none, must not be mistaken for the pronoun *gene* (yon).

Veel, much, and *weinig,* little, remain unchanged as adverbs, but when used as adjectives they take the *e* as adjectives do. When used as nouns our present orthography prescribes that they should be written with *en,* though the *n* at the end *is not pronounced nor has ever been.* Ex. *Many desire it* in Dutch is written until now: *velen verlangen het, few believe it: weinigen gelooven het,* in stead of *vele, weinige* [or rather *veel menschen, weinig menschen* (people)] as the *real* language would require.

The Adverbs.

Adverbs are divided into original and derivative.

1). The most usual original adverbs are:

wanneer, when.
gisteren, yesterday.
heden, to-day (commonly *van daag*).
morgen, to-morrow.
straks, presently.
weldra, soon.
nimmer, never.
ooit, ever.
nooit, never.
nu, now.
thans, now.
toen, then.
gauw, quickly.
hier, here.
daar, there.
ergens, somewhere.
nergens, nowhere.
ginds, yonder.
elders, elsewhere.
binnen, within.
buiten, without.
boven, above.
beneden, beneath.
langs, along.
dus, thus.
niet, not.
immers, indeed, nay.
gaarne, willingly.
alreede, alreeds, already.
telkens, everytime.
misschien, } perhaps.
wellicht, }
schier, almost.

tevens, at the same time.
iets, something.
niets, nothing.
hoe, how.

veel, much.
genoeg, enough.
meer, more.
weinig, little.

2). The most usual derivative adverbs are:

terstond, immediately.
dagelijks, daily.
somwijlen, sometimes.
altijd, always.
somtijds, sometimes.
dikwijls, often.
gedurig, continually.
eertijds, formerly.
nauwelijks, hardly.
overal, everywhere.

geheel, wholly.
tamelijk, tolerably.
waarlijk, truly.
geenszins, in no manner.
zeker, certainly.
schielijk, quickly.
voorzeker, surely.
insgelijks, likewise.
allengskens, by degrees.
naderhand, afterwards.

CHAPTER VI.

PREPOSITIONS (Dutch *voorzetsels* or rather *betrekkingswoorden*, relational words) and CONJUNCTIONS (Dutch *voegwoorden* or rather *verbindingswoorden*, joining-words).

The Prepositions.

The Dutch language has the following prepositions:

aan, to, on, against, of, as: *aan mij*, to me; *aan alle kanten*, on all sides; *het hangt aan de muur*, it hangs against the wall; *aan zijn geluk wanhopen*, to despair of one's fortune.
achter, behind, as: *achter de kamer*, behind the room.
behalve, except, as: *behalve de kinderen*, except the children.
beneden, beneath, as: *beneden mijn aandacht*, beneath my notice.

benevens, including, as: *een huis benevens een tuin,* a house with, or including a garden.
binnen, within, as: *hij is binnen bereik,* he is within reach.
boven, above, over, as: *niemand is boven de wet,* no one is above the law; *zijn naam staat boven de deur,* his name is over the door.
buiten, out of, as: *wij zijn buiten de stad,* we are out of town.
bij, by, near, at, with, in, as: *bij geluk,* by chance; *bij het paleis wonen,* to live near the palace; *hij woont bij mijn moeder,* he lives with my mother; *bij gebrek aan geld,* in want of money.
door, by, through, as: *door mij,* by me; *door de rivier waden,* to wade through the river; *door zijn bemiddeling,* through his mediation.
in, in, into, as: *in het boek,* in the book; *in wanorde komen,* to fall into disorder.
jegens, towards, as: *jegens mij,* towards me.
langs, along, past, as: *langs de straat,* along the street; *langs de winkels,* past the shops.
met, with, by, as: *ga met hem,* go with him; *met list,* by cunning.
na, after, as: *na de maaltijd,* after dinner.
naar, to, according to, for, after, as: *ik ga naar Londen,* I go to London; *naar het bericht,* according to the news; *hij zoekt naar zijn zoon,* he looks for his son; *naar een model schilderen,* to paint after a model.
naast, next to, as: *hij zit naast mij,* he sits next to me.
om, for, round, on account of, as: *om 's Hemels wil,* for Heaven's sake; *om de stad rijden,* to ride round the town; *om zijn misdaden,* on account of his crimes; *hij viel hem om de hals,* he fell upon his neck.

omtrent, about, as: *het is omtrent acht uur*, it is about eight o'clock.

onder, under, during, among, between, as: *onder het paard vallen*, to fall under the horse; *onder de maaltijd*, during dinner; *onder mijn brieven*, among my letters; *onder ons gezegd*, between ourselves.

op, on, upon, in, to, as: *op de tafel*, on or upon the table; *op een ernstige toon*, in an earnest tone; *op een maaltijd noodigen*, to invite to a dinner; *hij is boos op je*, he is angry with you.

over, over, about, on, across, as: *over mij*, over me; *het gesprek is over jou*, the conversation is about you; *een verhandeling over Milton*, an essay on Milton; *over de rivier zwemmen*, to swim across the river.

rondom, roundabout, as: *rondom het land*, roundabout the country.

sedert }
sinds } since, as: *sedert die tijd*, since that time.

te, at, on, to, as: *te Amsterdam*, at Amst., *te paard*, on horseback; *te geven*, to give.

tegen, against, at, as: *tegen de muur*, against the wall; *tegen een gulden het pond*, at a guilder a pound; *tegen de vijand*, against the enemy; *tegen Kerstmis*, against Christmas.

tot (aan), to, until, as far as, for, as: *van Brighton tot Parijs*, from Brighton to Paris; *tot (aan) de 17de eeuw*, until the 17th century; *we lazen tot (aan) de derde bladzij*, we read as far as the third page; *het is tot je best*, it is for your best.

Instead of *tot de(n)* or *tot het* we often use *ten* (especially in the written language), so with *ter* in st. of *tot de* (Sing.) (only before *abstract* nouns). The former is a contraction for *te den*, the latter for *te der*. Observe, that the preposition *te* formerly was more generally made use of in the same meaning as *tot* and governed the Dative case.

tusschen, between, as: *tusschen twee gevaren*, between two dangers.

uit, out of, from, as: *hij komt uit het huis*, he comes out of the house; (*uit hoofde van*, on account of); *uit alle macht schreeuwen*, to cry with all force; *ik zie uit uw verzen*, I see from your verses.

van, from, of, as: *van Engeland komen*, to come from England; *van iemand spreken*, to speak of somebody; (*van buiten leeren*, to learn by heart).

voor, for, to, of, as: *hij is voor alle gestorven*, he died for all; *voor iemand wijken*, to give way to somebody; *wacht u voor hem*, beware of him.

vóór, before, as: *vóór twee uur*, before two o'clock; *vóór het paleis*, before the palace.

voorbij, past, as: *hij ging voorbij mij*, he went past me.

wegens, on account of, as: *wegens zijn moeder*, on account of his mother.

zonder, without, as: *hij is zonder geld*, he is without money.

The written language makes a difference between *na* and *naar*; the latter is used in the sense of *to*, as: *naar* Amsterdam; *na* is only used in the sense of *after* with regard to time, as: *na hem*, after him; but *naar het model teekenen*, to draw after a model, and in all other phrases where *after* does not relate to time. In the spoken language we always use *na* and never *naar*.

Jegens and *tegen* are used like towards and against, as: *hij is vriendelijk jegens mij*, he is friendly towards me; *hij is trotsch en onbarmhartig tegen geringe en behoeftige*, he is proud and merciless with (against) inferior and poor people.

The Conjunctions.

The principal conjunctions are:

al, though.
en, and.
ook, also. *
daarenboven, besides. *
noch, neither, nor.
nog, yet, also. *
alzoo, thus. *
dat, that.
hoe meer, the more.
des te meer, so much the more. *
omdat, because.
opdat, in order, that.
verder, further. *
namelijk, namely. *
als, as.
echter, however. *
tenzij, unless.

maar, but.
nochtans, yet. *
toch, yet, still. *
of, or.
schoon, though.
hoewel, though.
terwijl, as, while.
inmiddels, ⎱ in the mean-
intusschen, ⎰   while. *
nadat, after.
indien, if.
derhalve, therefore. *
dewijl, because.
doch, but.
evenwel, nevertheless * [1]).
mits, provided.
hetzij ... hetzij ..., either (whether) ... or ...

Doch is not to be mistaken for *toch;* the former is a conjunction signifying *but, however*, the latter an adverb meaning *yet, still, nevertheless.* (*Doch* is never made use of in the spoken language).

When *noch* is repeated in a phrase it must be translated into English by neither ... nor, as: *hij is noch geleerd noch wijs,* he is neither learned nor wise. For the sake of euphony the first *noch* is often omitted, as: *geleerd noch wijs,* neither learned nor wise. *Nog* with a *g* is the Eng-

---

[1]) The words marked with an asterisk are no real conjunctions but *adverbial markwords*.

lish yet, as: *het is nog niet het rechte tijdstip*, it is not yet the right moment.

The Interjections (*uitroepwoorden* = exclamation-words) are used in the same way as in English, as:

O, och, ach!	Oh!
Foei!	Fy!
Helaas!	Alas!
Jakkes!	Faugh! Ugh!
Ja.	Yes.
Neen (pr. *nay*).	No.

CHAPTER VII.

SYNTAX.

There is no great difference between English and Dutch syntax. We will therefore only give the principal rules in which these two languages differ.

1). The Present Participle is not used so much as in English, as: *ik zei hem, dat ik het gedaan had,* I told him that I had done it, and never the English construction: I told him of my having done it.

2). The Present Participle is also used with the auxiliary *zijn* instead of the Present or Imperfect. Like the English, the Dutch often say: *hij is slapende, ik was slapende*, but only when the action is continual.

3). The Present Participle is often preceded by *al*, as: *Wij praten al wandelende,* We talk whilst walking.
Hij zei dit al lachende, He said this laughing.

4). The passive form is not nearly so much used instead of the indefinite pronoun *one* as in English, ex. gr. it was well understood, *men begreep wel;* it was said, *men zei(de)*.

5). The Present Infinitive is used in the active form instead of the passive in English in all such sentences as: it is to be seen, *het is te zien*, it is to be found, *het is te vinden*.

6). The conjunctions *na* (after) and *alvorens* (before) do not occur unless followed by an Infinitive with *te*:

Na omtrent een jaar in Frankrijk doorgebracht te hebben werd de Groot door de hoogeschool te Orleans tot Doctor in de rechten verheven, after having passed about a year in France de Groot was made doctor of laws by the University of Orleans. *Hij wilde niets van het geval bekend maken, alvorens de leeraar gesproken te hebben*, he would make nothing known of the circumstance, before having spoken with the teacher.

7). The preposition *om* is often placed before the Present Infinitive with *te*, as:

Alva nam toen het besluit om te Brussel de tiende penning met geweld te vorderen, Alva took then the resolution to demand by force the tenth penny at Brussels. *De man zonder godsdienstig gevoel is in staat om zijn hooge waarde als mensch te verzaken en zijn zoogenaamde deugd grondt zich op niets anders, dan op een gevoel van eer, dat elk oogenblik in gevaar is, om door de stroom der driften geschokt en vernietigd te worden*, the man without a religious principle is capable of forgetting his high dignity as a man, and his so called virtue is based on nothing but a sentiment of honour, which is every moment in danger of being tossed and broken into a thousand pieces by the storm of passions.

8). Many other prepositions may also in Dutch precede the Present Infinitive when it is employed as a verbal noun, as the Present Participle is in English, as:

Gelukkig Nederland, waar de vrijheid van schrijven zoo-

wel als van denken door de grondwet van de Staat geheiligd is! Happy Netherlands, where the liberty of writing and thinking is rendered sacred by the fundamental laws of the State! *Zou men God wel kunnen vereeren door zich van alle menschen af te zonderen?* Now would it be possible to honour God by secluding (literally: to seclude) oneself from all men? *Gij moet beginnen met nauwkeurig de natuur te bestudeeren, en daartoe alle wetenschappen in den arm nemen, die u er toe behulpzaam kunnen zijn,* You must begin by studying (to study) nature accurately, and in order to do this you must use all sciences, which can be of any assistance to you.

9). The verbs *staan*, to stand, *zitten*, to sit, *liggen*, to lie, and *hangen*, to hang, take after them an Infinitive with *te* (to) in sentences, where they in English would be followed by a Present Participle, as:

Hij stond te wachten, he stood waiting. *Zij zat te schrijven,* she sat writing. *Wij lagen te slapen,* we lay sleeping. *Nu zit ik geheele dagen eenzaam in mijn cel te zuchten en te weenen,* now I sit whole days solitary in my cell sighing and weeping. *Het goed hing te drogen,* the clothes hung drying.

10). Compounds as *waarop* (on which), *daarop* (on that), *er op* (on it); *waarvan, daarvan, er van; waarvoor, daarvoor, er voor* etc. are often separated in the sentence, as:

Zij wisten niet waar het op uitloopen zou, they did not know in what it would end. *De meeste menschen ijverden voor deze zaak alsof het welzijn van het gansche land er van afhing,* most people laboured for this affair, as if the welfare of the whole country depended on it. *Gelijk de vlietende beek door haar helder water de dorstige wandelaar verkwikt, zoo verandert het stilstaande water in een stinkende poel, waar bederf, verrotting en dood in wonen,* as a fleeting brook refreshes the wanderer, so stagnant water changes into a stinking pool, wherein corruption, rottenness and death dwell. *Ik ben er zeer vóór, dat men regelen betrachte, alleen wil ik dat men er in de ziel van doordrongen zij, en ze niet werktuigelijk volge.* it is my firm opinion that one should observe rules, but I wish that the mind should be penetrated by them and not that they should be followed mechanically.

C.

READING, WRITING AND SPEAKING EXERCISES.

I. TRANSLATING FROM DUTCH INTO ENGLISH.

1.

De geheele [1]) wereld is het werk van een eenige Schepper. — Veel menschen doen uit gewoonte, wat andere aan overleg toeschrijven [2]). — Die zijn plichten [3]) jegens God, de menschen en zich zelf betracht [4]), behoeft [5]) het tegenwoordige noch de toekomst te vreezen [6]). — Rijkdommen en waardigheden [7]) zijn niet te vergelijken bij gezondheid, tevredenheid [8]) en een goed geweten.

[1]) whole. [2]) Observe the place of the different elements in a dependant sentence, viz. 1°. object, 2°. subject, 3°. complement, 4°. verb; (*toeschrijven*, to attribute to). This is a general rule. [3]) duty. [4]) to observe. [5]) to need. [6]) to fear. [7]) dignity. [8]) contentment.

2.

Het oude België strekte zich [1]) veel verder [2]) uit dan het hedendaagsche [3]); het bevatte [4]) tevens een gedeelte [5]) van het tegenwoordige Frankrijk. — De Nederlanden waren een groot gedeelte van hun rijkdom aan hun volkplantingen ⁶) in Oost- en West-Indië verschuldigd ⁷). — De bloei ⁸) van de koophandel en van de zeevaart der Vereenigde Nederlanden dagteekent ⁹) van het bestuur ¹⁰) van prins Maurits van Nassau, de waardige zoon en opvolger van de eerste Willem.

¹) Reflective verbs occur much more frequently in Dutch than in English, as here: *zich uitstrekken*, to extend. ²) farther. ³) modern. ⁴) to contain. ⁵) a part. ⁶) colonies. ⁷) to owe. ⁸) growth. ⁹) to date from. ¹⁰) the reign.

3.

Rijkdom ¹) alleen is niet in staat de mensch gelukkig te maken; want de grootste schatten zijn somtijds niet toereikend, om al zijn behoeften ²) en wenschen te vervullen. Deugd ³) en kunde ⁴) gaan ze in alle opzichten te boven ⁴ᵇ). — Een gezond verstand ⁴ᶜ) met een goede wil gepaard ruimt zelfs natuurlijke hinderpalen ⁵) uit de weg. — De ware godsdienst ⁶) ligt tusschen twee uitersten ⁷), waarvan het eene tot ongeloof ⁸), het andere tot bijgeloof ⁹) leidt.

¹) Riches. ²) wants. ³) virtue. In this sentence *deugd* and *kunde* together from a plural. ⁴) knowledge. ⁴ᵇ⁾ *te boven gaan* to surpass. ⁴ᶜ⁾ *een gezond verstand*, common sense. ⁵) obstructions. ⁶) religion. ⁷) extremes. ⁸) infidelity. ⁹) superstition.

4.

Menschen, die, wanneer ze tot hooge eereposten geraken ¹) of, na arm geweest te zijn, rijk worden, hun afkomst of hun vroegere stand niet gedachtig blijven ²), zijn hun geluk onwaardig, en te vergelijken bij die ondankbare reiziger ³), die ongevoelig de bron voorbijgaat, waarvan het water hem heeft verkwikt. — Evenals ⁴) een schaduw ⁵) voorbij snelt, en niets dan eene ledige plaats achterlaat, evenzoo ijlen de oogenblikken van ons leven heen, en voeren in hun vlucht het goede en kwade [6]) dezer wereld met zich.

[1]) attain to. [2]) do not remember. [3]) traveller. [4]) as. [5]) shadow. [6]) the evil.

5.

De menigvuldige wonderen der geheele natuur getuigen op de duidelijkste wijze van de groote macht, de diepe wijsheid en de oneindige [1]) goedheid van die eenige Schepper, die als een minnend [2]) vader voor het welzijn van al zijn kinderen zonder onderscheid zorgt. — Het geoefende [3]) oog van de wijze, vlijtige, onbevooroordeelde [4]) onderzoeker ontdekt de sporen van een groote Maker in de eenvoudige en samengestelde, openbare en geheime, levende en levenlooze voortbrengsels [5]) der natuur; met een van verwondering opgetogen [6]) gemoed roept i uit: hoe groot zijn uw werken, o Heer! Gij hebt ze alle met wijsheid gemaakt.

[1]) infinite. [2]) loving. [3]) practised. [4]) unprejudiced. [5]) productions. [6]) excited by.

6.

Keizer [1]) Karel de Groote was een vorst, die zich de bewondering van zijn tijdgenooten en van de nakomelingschap waardig maakte. Goedertieren [2]) in de kring van zijn onderdanen, doch schrikverwekkend [3]) onder zijn vijanden, werkzaam [4]) om misbruiken af te schaffen, onvermoeid in het stichten van nuttige inrichtingen, was i ver [5]) verheven [6]) boven de tijd, waarin i leefde. Hij bezat moed genoeg om op de troon het voorbeeld te geven, dat men nimmer te oud [7]) noch te voornaam zijn kan, om nuttige kundigheden aan te leeren. Jammer maar [8]), dat hij in zijn godsdienst-ijver overdreven was, en, met het Evangelie in de eene en het oorlogszwaard ⁹) in de andere hand, de hardnekkige Saksers bekeeren wilde. Zijn nakomelingen waren meestal zwak en dom; zij werden door hun eigene driften ¹⁰) en die van andere beheerscht, en hun volken bleven eeuwen achtereen ¹¹) onbeschaafd ¹²).

¹) The art. is always omitted before titles when immediately followed by proper names. ²) benevolent. ³) terrible. ⁴) active. ⁵) far. ⁶) superior to. ⁷) old. ⁸) It was a pity however. ⁹) sword of war. ¹⁰) passions. ¹¹) *eeuwen achtereen*, for many centuries together. ¹²) uncivilised.

7.

Toen keizer Karel de Vijfde zijn oorlogen moe was ¹) en het einde van zijn leven in stilte wilde doorbrengen, lei i de kroon neer, en benoemde ²) zijn zoon Filips tot zijn opvolger en tot meester van zijn voornaamste bezittingen ³). Deze vorst, die van zijn vader noch de moed noch de deugden bezat, maakte zich weldra ⁴) bij zijn Nederlandsche onderdanen gehaat. Zijn zuster Margaretha, die i tot voogdes ⁵) over hen aangesteld had, vestigde de zetel ⁶) van haar regeering te Brussel. Aan het hoofd ⁷) van haar staatsraad was de kardinaal Granvelle benoemd, die veeleer haar daden bespieden ⁸) dan haar belangen behartigen ⁹) moest. Het was onder haar bestuur, dat de edelen des lands een verbond aangingen ¹⁰), om hun rechten en vrijheden te handhaven; en dit was de eerste stap tot de onafhankelijkheid van een groot gedeelte van ons land.

¹) *moede*, tired of, *schuldig*, guilty, *kwijt*, quit, *zat*, tired and a few more adj. are always placed as above after the subst. ²) appointed. ³) possessions. ⁴) soon. ⁵) regent. ⁶) seat. ⁷) head. ⁸) to be a spy on. ⁹) to take to heart. ¹⁰) formed, made.

8.

Sokrates was de wijste onder [1]) de Grieken: hij werd het slachtoffer van de nijd, en bleef een gehoorzaam burger, die begreep de dood minder te moeten vreezen dan de ongehoorzaamheid jegens zijn overheid [2]). Zijn zedeleer scheen aan een groot aantal van zijn medeburgers gevaarlijke lessen voor de jeugd te behelzen [3]), omdat [4]) i de vreugd en het genot van het leven niet als ondeugden beschouwde. Zijn leerlingen beminden [5]) hem als een vader en beschouwden zijn dood als het grootste ongeluk, terwijl hij zelf die dood slechts als een overgang tot een beter leven beschouwde. Na zijn sterven hadden de Atheners berouw over hun dwaling [6]); zij schaamden zich daarover en herinnerden zich Sokrates dikwijls [7]). Men richtte voor hem een openbaar [8]) gedenkteeken [9]) op, en de algemeene verachting trof zijn vijanden. Zelfs de geliefkoosde tooneeldichter [10]) Aristofanes, die de deugdzame wijsgeer [11]) in een van zijn blijspelen [12]) dwaasheden [13]) deed zeggen, werd later daarvoor berispt [14]).

[1]) Observe the use of *onder*, among — different from *onder*, under. [2]) the constituted authorities. [3]) to contain. [4]) because. [5]) to love. [6]) error. [7]) often. [8]) public. [9]) monument. [10]) dramatic poet. [11]) philosopher. [12]) comedy. [13]) foolish things. [14]) to be blamed.

9.

De trek [1]) naar het verbodene.

Zekere [2]) Jacob Morelli, een rijke koopman te Napels, beroemde [3]) zich, zijn schatten [4]) gewonnen te hebben zonder dat i ooit een voet [5]) buiten [6]) de poort [7]) had gezet. En waarlijk in achtendertig jaren had i de stad niet verlaten. De hertog van Ossuna, onderkoning van Napels, van deze vreemde eigenaardigheid [8]) onderricht, wilde met deze zonderling een proef nemen [9]), en zien, hoe ver [10]) men hem wel zou kunnen brengen. Drie dagen na zijn intrede in Napels zond i een stadsbode [11]) bij de koopman, en liet hem verbieden op verbeurte [12]) van tien duizend kronen, zich buiten het rijk te begeven. Ieder, die dit hoorde, spotte met dit zonderlinge verbod; men vond het zeer belachelijk [13]) een man van die ouderdom te verbieden, buiten het rijk te gaan, daar i toch al in zoo veel jaren niet buiten de stad was geweest. De koopman zelf lachte er om. Het duurde [14]) echter niet lang, of [15]) hij begon over dit verbod na te denken en poogde [16]) de redenen [17]) daarvan uit te vorschen. Hij wist [18]) wel, dat de Hertog niet dwaas [19]) genoeg was, om zonder gewichtige redenen zulk een zonderling verbod te doen. Van tijd tot tijd was i zwaarmoedig, zoo zelfs, dat i niet kon slapen, want dag en nacht hield dit geheimzinnige [20]) verbod zijn geest bezig [21]). Om een einde aan zijn kwellingen [22]) te maken, neemt i eindelijk het besluit [23]), buiten het rijk te gaan, en de tien duizend kronen te verbeuren [24]). Hij zendt het geld aan de onderkoning, stapt [25]) in een koets [26]), rijdt naar de eerste stad buiten het grondgebied van het rijk en keert de volgende dag terug. De menschenkennis en wijsheid van de Hertog bleken [27]) nu allerduidelijkst. Hij toonde [28]) echter, dat zijn oogmerk [29]) met dit verbod geenszins [30]) was geweest zich zelf te verrijken. De helft [31]) van de ontvangen som zond i aan het gasthuis [32]) en de andere helft gaf i aan de koopman terug, met deze boodschap, dat dit genoeg was, om aan andere te leeren, hoe men de grillen [33]) van dwazen [34]) moet straffen; en tot zijn hovelingen [35]) zei i: „Het is mij aangenaam, gelegenheid te hebben gevonden, om de waarheid van het gezegde [36]) te toonen: wij haken altijd naar hetgeen verboden is."

¹) desire. ²) a certain. ³) to boast. ⁴) treasure. ⁵) foot.
⁶) out of. ⁷) the gates. ⁸) eccentricity. ⁹) make a trial. ¹⁰) far.
¹¹) a town messenger. ¹²) on pain of having to pay a penalty.
¹³) ridiculous. ¹⁴) to last. ¹⁵) before. ¹⁶) to endeavour. ¹⁷) the reason. ¹⁸) to know. ¹⁹) foolish. ²⁰) mysterious. ²¹) *hield ...bezig*, occupied. ²²) vexation. ²³) *het besluit nemen*, to make up one's mind. ²⁴) to forfeit. ²⁵) to jump. ²⁶) coach. ²⁷) to appear. ²⁸) to show. ²⁹) intention. ³⁰) by no means ³¹) half.
³²) hospital. ³³) humours. ³⁴) fool. ³⁵) courtier. ³⁶) saying.

10.

Vastheid ¹) van karakter.

De Kalif Mutewul verdacht ²) zijn geneesheer ³), die een kristen was, dat deze zich, wellicht door de grieksche Keizer, had laten omkoopen ⁴), om hem, bij de eene of andere gelegenheid, om het leven te brengen ⁵). Ten einde zich dus ⁶) van de getrouwheid van Honain — dit was de naam van de arts — te verzekeren, besloot i de deugd van deze man op een strenge proef te stellen, en zei tot hem: „Honain, ik heb een vijand, die ik gaarne heimelijk wilde gedood hebben; gij moet mij dus een sterk vergif ⁷) gereed maken ⁸), waarvan hij, voor wie het bestemd is, volstrekt niet ⁹) genezen kan." „Groote beheerscher der Muzelmannen," antwoordde Honain, „ik heb altijd geleerd ¹⁰) heilzame ¹¹) geneesmiddelen ¹²) te bereiden, en ik kan mij niet verbeelden ¹³), dat gij ooit ¹⁴) andere van mij zoudt begeeren. Wilt gij echter dat ik u gehoorzamen zal, vergun mij dan, dat ik uw hof verlaat, om in een ander land kundigheden ¹⁵) te verzamelen, die ik, tot nu toe, niet bezit!" Mutewul hernam ¹⁶), dat i zijn bevel dadelijk ¹⁷) wilde volbracht hebben, en poogde, door beloften ¹⁸) en bedreigingen ¹⁹), zijn geneesheer daartoe te overreden; doch ziende, dat alles vruchteloos was, liet i hem in de gevangenis werpen en

een verspieder [20]) bij hem zetten, die van alles, zelfs van
de geringste bedrijven [21]) van Honain, verslag moest doen [22]).
Honain, overtuigd, dat de schande in de misdaad [23]), en
niet in de straf gelegen is, verduurde [24]) zijn kerkerstraf,
die i niet verdiend had, met standvastigheid, en bracht zijn
tijd, zonder verveling [25]), in nuttige letterarbeid [26]) door.
Op deze wijze was een geheel jaar verloopen, toen de Kalif
hem vóor zich liet roepen. Men had, op een tafel, goud [27]),
diamanten en kostbare stoffen gelegd, en, naast deze, geesel-
roeden [27b]) en alle andere werktuigen, tot de pijnbank [27c])
behoorende. — „Gij hebt tijd genoeg gehad," zei Mutewul
tot Honain, „om na te denken [28]). Ik geloof niet, dat gij
zulk een vijand van uzelf kunt zijn, om mij nog langer te
weerstreven. Kies [29]), óf deze rijkdommen, die hier vóor u
liggen, óf uw straf, waartoe gij de verschrikkelijkste [30])
toebereidselen gemaakt ziet." — „Ik heb u reeds gezegd,"
antwoordde Honain met onverschrokkenheid, „dat ik slechts
die middelen ken, welke dienen om het leven der menschen
te verlengen, maar niet die andere, die het kunnen ver-
korten. Beschik [31]) dus over mijn lot; ik ben bereid mij
volkomen te onderwerpen." — „Wees gerust [32])," hernam
nu de Kalif, de gestrengheid afleggende, die zich op zijn
gelaat [33]) vertoond had — „men heeft uw trouw bij mij in
verdenking [34]) gebracht, en deze tijd van beproeving [35]) was
noodig, om die verdenking uit mijn hart te bannen. Ik geef
u thans mijn geheel vertrouwen weder; maar ik vorder van
u, dat gij mij de beweegredenen noemt, welke u tot ongehoorzaamheid jegens mij konden brengen." — „Machtige
beheerscher!" antwoordde Honain, „ongaarne wederstreefde
ik het bevel van de grootste vorst der aarde; maar mijn
godsdienst [36]) en stand hebben mij daartoe verplicht. Het
kristendom, dat beveelt, zelfs zijn vijand wel te doen, ver-
biedt niet minder ernstig, die lieden te benadeelen, die ons

verongelijkt [37]) hebben, terwijl de geneeskunst, die goddelijke wetenschap, alleen tot het behoud [38]) der menschen bestemd, niet mag gebezigd [39]) worden tot hun verderf [40]), daar immers de geneesheeren, voordat zij deze verheven [41]) kunst mogen beoefenen [42]), zich door een plechtige [43]) eed moeten verbinden, nimmer schadelijke middelen van welken aard dan ook aan iemand toe te dienen." — „Dit zijn schoone wetten [44])," zeide de Kalif, „en ik kan mijn bewondering niet ontzeggen [45]) aan een godsdienst en aan een kunst, die op zulke wetten steunen [46])."

[1]) Firmness, decision. [2]) to suspect. [3]) physician. [4]) to bribe. [5]) In this expression *brengen* — *om* means: to deprive of. [6]) *Ten einde dus:* So, in order to. [7]) poison. [8]) to prepare. [9]) *volstrekt niet*, by no possibility. [10]) to learn. [11]) wholesome. [12]) remedy. [13]) to imagine. [14]) ever. [15]) knowledge. [16]) to answer. [17]) immediately. [18]) promise. [19]) threat. [20]) spy. [21]) action. [22]) to inform. [23]) crime. [24]) to bear. [25]) weariness. [26]) literary labour. [27]) gold. [27b]) scourge. [27c]) rack. [28]) to think about it. [29]) to choose. [30]) terrible. [31]) to command. [32]) Be without fear. [33]) face. [34]) suspicion. [35]) trial. [36]) religion. [37]) to do injustice. [38]) reservation. [39]) used. [40]) destruction. [41]) noble. [42]) to practise. [43]) solemn. [44]) law. [45]) to refuse. [46]) to be based on.

II. TRANSLATING FROM ENGLISH INTO DUTCH *).

11.

True [1]) friends are rare [2]). — God is the creator [3]) of the world [4]) and the father of creatures [5]). — Friendship [6]) is one of the greatest treasures [7]) of life [8]). — The honest [9]) man does not alone justice [10]) to his friends, but also to his enemies. — Riches and dignities [11]) are nothing

---

*) A key to these exercises is added at the end of the book.

compared ¹²) to virtue ¹³) and a good conscience ¹⁴). — A clever ¹⁵) man is more useful ¹⁶) to society ¹⁷) than a man of fortune ¹⁸).

¹) waar. ²) zeldzaam. ³) Schepper. ⁴) wereld. ⁵) schepsel. ⁶) de vriendschap. ⁷) schat. ⁸) leven. ⁹) rechtschapen. ¹⁰) gerechtigheid. ¹¹) waardigheid. ¹²) in vergelijking met. ¹³) deugd. ¹⁴) geweten. ¹⁵) knap. ¹⁶) nuttig. ¹⁷) maatschappij. ¹⁸) fortuin.

12.

Mythology ¹) has for its object ²) a knowledge ³) of the heathen ⁴) gods. — Russia is the most extensive ⁵) empire ⁶) in Europe. — Mighty ⁷) Rome trembled ⁸) at the approach ⁹) of the great Hannibal, but feeble ¹⁰) Greece feared ¹¹) nothing from the proud ¹²) Xerxes. — Holland is the native country of Boerhave. — Voltaire called ¹³) Frederik ¹⁴) the Second the Solomon of the North ¹⁵). — Pliny the elder ¹⁶), surnamed ¹⁷) the naturalist ¹⁸), died during the reign ¹⁹) of Vespasian.

¹) fabelleer. ²) voorwerp. ³) kennis. ⁴) heidensche a. ⁵) uitgestrekt. ⁶) rijk. ⁷) machtig. ⁸) sidderen. ⁹) bij het naderen. ¹⁰) zwak. ¹¹) vreezen. ¹²) trotsch. ¹³) noemen. ¹⁴) Frederik. ¹⁵) noorden. ¹⁶) oude. ¹⁷) bijgenaamd. ¹⁸) natuurkundige. ¹⁹) regeering.

13.

The companions ¹) of Columbus threatened ²) to kill ³) him and to return ⁴) to Spain ⁵), if in three days they should not arrive ⁶) in the new world, they were looking for ⁷). — King Codrus went ⁸) into the camp ⁹) of the enemy ¹⁰) disguised ¹¹) as a peasant ¹²), and tried to quarrel ¹³), in order that he might be killed and that his people should obtain ¹⁴) the victory ¹⁵), which the oracle had promised ¹⁶) him, under condition ¹⁷) that he, as their leader ¹⁸), should be slain ¹⁹) by the enemy. — The ancient Greeks and Romans ²⁰) represented ²¹) Time as an old man ²²), holding ²³) in one hand a scythe ²⁴) and in the other an hourglass ²⁵).

¹) reisgenoot. ²) dreigen. ³) dooden. ⁴) terugkeeren. ⁵) Spanje.
⁶) aankomen. ⁷) zoeken. ⁸) zich begeven. ⁹) kamp. ¹⁰) vijand.
¹¹) verkleed. ¹²) boer. ¹³) to try to quarrel, twist zoeken.
¹⁴) behalen. ¹⁵) zege. ¹⁶) beloven. ¹⁷) mits. ¹⁸) aanvoerder.
¹⁹) ombrengen. ²⁰) Griek, Romein. ²¹) afbeelden. ²²) grijsaard.
²³) houden. ²⁴) zeis. ²⁵) zandlooper.

14.

King Canute.

Canute, King ¹) of Denmark ²), was walking ³) one day ⁴) along ⁵) the shore ⁶) with some of his courtiers, who were loud in extolling ⁷) his power ⁸) and who said, among other things, that the sea and the land were obliged ⁹) to obey ¹⁰) him. The king, who wished to shame ¹¹) these flatterers, placed himself ¹²) with this end in view ¹³) as close ¹⁴) to the sea as he could, and spoke: I command ¹⁵) thee, o sea! not to approach ¹⁶) and not to wet ¹⁷) my feet ¹⁸). Nevertheless ¹⁹) the waves ²⁰) came rolling ²¹) towards him ²²) and quite wetted his feet. Then ²³) he turned ²⁴) towards his courtiers and said: „Flatterers! behold your king whom, as ²⁵) you pretend, sea and land should obey; at his command ²⁶) however the waves do not even ²⁷) keep back ²⁸). No one is almigthy but God and no one deserves ²⁹) to be called ³⁰) almighty but He, who has created ³¹) all things and who maintains ³²) them ³³) all."

¹) koning. ²) Denemarken. ³) wandelen. ⁴) eens. ⁵) langs.
⁶) het strand. ⁷) roemen. ⁸) macht. ⁹) verplichten. ¹⁰) ge-

hoorzamen. [11]) beschamen. [12]) zich plaatsen. [13]) w. t. e. i. v., te dien einde. [14]) dicht bij. [15]) bevelen. [16]) naderen. [17]) nat maken. [18]) voet. [19]) niettemin. [20]) golf. [21]) stroomen. [22]) naar hem toe. [23]) toen. [24]) wenden. [25]) naar. [26]) gebod. [27]) niet eens. [28]) keeren. [29]) verdienen. [30]) noemen. [31]) scheppen. [32]) onderhouden. [33]) ze.

15.

Exemplary [1]) firmness [2]) of a judge [3]).

A favourite servant of prince Henry [4]), the son of Henry IV, king of England [5]), accused of a crime [6]), was brought before the Kings-Bench [7]) and imprisoned [8]) by order [9]) of this court [10]). When the young prince heard [11]) this, he considered [12]) it an insult [13]) to [14]) himself, and in great passion [15]) hastened [16]) to the hall [17]), where the judges [18]) were assembled [19]). He commanded [20]) them immediately [21]) to set his servant at liberty [22]). Every one [23]) was astonished [24]) and terrified [25]) by the passion of the prince, except [26]) the chiefjustice [27]), Sir William Gascoigne. Without [28]) showing [29]) any astonishment or fear [30]) he said to the prince, that he must obey [31]) the laws [32]) of the kingdom [33]); but that, if he wished to do something [34]) for the prisoner, he should throw [35]) himself at the king's feet to beg [36]) mercy [37]) for the criminal [38]). This, he added [39]), is the only [40]) way [41]) to obtain [42]) what you desire [43]), without breaking [44]) the laws or without violating [45]) justice [46]). But this respectful [47]) language [48]) made no impression [49]) on the prince, who with the same impetuosity [50]) demanded [51]), that the prisoner should be immediately set at liberty, threatening [52]) that he otherwise [53]) would free [54]) him by force [55]). The noble Lord then addressed him with all the calmness [56]) of a judge, penetrated [57]) by the dignity [58]) of his office: „Prince," said he „by [59]) that obedience [60]), which you owe [61]) the Royal power [62]), I command you, not to interfere [63]) with the prisoner, and to leave [64]) this hall, in order [65]) that you, by your passion, may no longer prevent [66]) this court from doing its duty [67])."

[1]) voorbeeldig. [2]) standvastigheid. [3]) rechter. [4]) prins Hendrik. [5]) Engeland. [6]) misdaad. [7]) 's Konings rechtbank. [8]) in hechtenis nemen. [9]) op last. [10]) gerechtshof. [11]) vernemen. [12]) beschouwen. [13]) beleediging. [14]) voor. [15]) gemoedsbeweging. [16]) ijlen. [17]) zaal. [18]) rechter. [19]) vergaderen. [20]) gelasten. [21]) terstond. [22]) to set at liberty, ontslaan. [23]) iedereen. [24]) verbaasd. [25]) bevreesd voor. [26]) uitgezonderd. [27]) opperrechter. [28]) zonder. [29]) te toonen. [30]) ontsteltenis. [31]) zich onderwerpen aan. [32]) wet. [33]) koninkrijk. [34]) iets. [35]) werpen. [36]) smeeken. [37]) genade. [38]) misdadiger. [39]) daarbij voegen. [40]) eenig. [41]) middel. [42]) te verkrijgen. [43]) verlangen. [44]) overtreden. [45]) verkrachten. [46]) recht. [47]) eerbiedvolle. [48]) taal. [49]) indruk. [50]) onstuimigheid. [51]) eischen. [52]) dreigen. [53]) anders. [54]) bevrijden. [55]) met geweld. [56]) bedaardheid. [57]) doordringen. [58]) waardigheid. [59]) uit kracht van. [60]) gehoorzaamheid. [61]) verschuldigd zijn. [62]) gezag. [63]) zich bemoeien. [64]) zich verwijderen uit. [65]) zoodat. [66]) verhinderen. [67]) plicht.

Conclusion.

At [1]) these words the prince became furious [2]), drew [3]) his sword and ran towards the judge, as if he intended to kill [4]) him, but the noble Lord remained calm [5]), and addressed the prince with his powerful [6]) voice in the following words [7]): „Prince, remember [8]) that I represent [9]) here your Lord [10]) and your father, and that, on account of these double connections [11]) you ought to be doubly [12]) obedient to me. Therefore [13]) I command you in his name to abandon [14]) your design [15]), and henceforth [16]) to show [17]) a better example [18]) to those [19]), who shall one day become your subjects ²⁰); and as a punishment ²¹) for the disobedience ²²) and the contempt ²³), you have shown ²⁴) for the laws, I order you to go immediately to prison and to remain ²⁵) there till ²⁶) the King your father has made known his wishes ²⁷) on this subject ²⁸)." The words sounded ²⁹) like thunder ³⁰) in the ears of the prince; they made him reflect ³¹); he gave one of his followers ³²) the sword, which he had drawn against the judge, made a deep bow ³³) to the chief-justice, and went voluntarily ³⁴) to prison.

They gave immediately notice ³⁵) of this affair ³⁶) to the King, and there were even courtiers enough, who sought ³⁷) to excite the monarch's anger ³⁸) against Sir William Gascoigne. But, when this prince had been informed ³⁹) of all the circumstances ⁴⁰), he raised his eyes ⁴¹) and hands to heaven ⁴²), and exclaimed ⁴³): Oh God! How many thanks do I not owe you! You have given me a judge, who exercises justice without ⁴⁴) fear, and a son who knows how to subdue ⁴⁵) his passions.

¹) op. ²) woedend. ³) trekken. ⁴) dooden. ⁵) bedaard. ⁶) krachtig. ⁷) in the following words, in de volgende bewoordingen. ⁸) bedenken. ⁹) de plaats bekleeden. ¹⁰) souverein. ¹¹) uit hoofde van deze beide betrekkingen. ¹²) dubbel. ¹³) derhalve. ¹⁴) afzien van. ¹⁵) voornemen. ¹⁶) voortaan. ¹⁷) geven. ¹⁸) voorbeeld. ¹⁹) diegene. ²⁰) onderdanen. ²¹) tot straf. ²²) ongehoorzaamheid. ²³) minachting. ²⁴) toonen. ²⁵) blijven. ²⁶) totdat. ²⁷) wil. ²⁸) o. t. s., hieromtrent. ²⁹) klinken. ³⁰) een donderslag. ³¹) nadenken. ³²) gevolg, sing. or *volgelingen* plur. ³³) buiging. ³⁴) vrijwillig. ³⁵) to give notice, kennis geven. ³⁶) gebeurtenis. ³⁷) zoeken. ³⁸) toorn. ³⁹) to be informed, vernemen. ⁴⁰) omstandigheid. ⁴¹) oog. ⁴²) hemel. ⁴³) uitroepen. ⁴⁴) zonder. ⁴⁵) bedwingen.

16.

Adventures[1]) of Heemskerk and Barends on Nova-Zembla.

These two seamen sailed from Amsterdam in May 1596 in order to find a North-West [2]) passage, and had arrived [3]), in a few weeks, at 74 degrees North [4]). There they came between [5]) enormous [6]) blocks of ice [7]), covered with snow, which they, in the distance [8]), had taken for swans. For a few days they sailed, surrounded by these blocks of ice, and discovered [9]) on the 9th of June the little [10]) Bear-islands. From that time [11]) they steered continually northwards, found nothing but floating pieces of ice [12]), and reached on the 19th of June the coast of Spitsbergen, where they anchored [13]). Thence they sailed onwards, and discovered on the 17th of July Nova-Zembla, to the Northern point of which they steered. Here they were several times [14]) visited [15]) by white bears, and were obliged often to stop [16]) near large fields of ice, in order to wait for a favourable opportunity [17]) to continue their voyage [18]). Besides, the danger of being crushed [19]) by floating blocks of ice was often very imminent [20]). On the 30th of August a sharp wind continually drove blocks of ice against their ship. A great many [21]) heaped themselves up in such a way [22]) against the vessel, that it was in danger of being thrown [23]) on its side. But on the other side too large blocks of ice pressed [24]) with so much force against the ship, that she at last stood wholly upon the ice, as if placed there by machinery [25]). Still [26]) the danger [27]) of losing the vessel was not past [28]). Large blocks of ice pressed always against it, so that it cracked and threatened to burst [29]). A few days after [30]) a large hole [31]) was made in it. The sloop and the boat had already been placed [32]) on the ice; they began to bring the provisions on shore ^{33}) and made the more haste ^{34}), as on the 5th of September the vessel had been completely ^{35}) thrown on its side and would hardly be able ^{36}) to resist ^{37}) any longer to the pressure of the ice.

^{1}) lotgeval. ^{2}) noordwestelijk. ^{3}) komen op. ^{4}) noorderbreedte. ^{5}) tusschen. ^{6}) vervaarlijk. ^{7}) ijsschots. ^{8}) op eenige afstand. ^{9}) ontdekken. ^{10}) klein. ^{11}) van toen af. ^{12}) f. p. o. i., drijfijs. ^{13}) het anker werpen. ^{14}) herhaaldelijk. ^{15}) bezoeken. ^{16}) aanleggen. ^{17}) gelegenheid. ^{18}) tocht. ^{19}) verpletteren. ^{20}) dreigend. ^{21}) menigte. ^{22}) zoodanig. ^{23}) werpen. ^{24}) dringen. ^{25}) mekaniek. ^{26}) nog. ^{27}) gevaar. ^{28}) voorbij. ^{29}) te barsten. ^{30}) later. ^{31}) aanmerkelijke opening. ^{32}) uitzetten. ^{33}) to bring on shore, aan land brengen. ^{34}) to make the more haste, des te meer spoed maken. ^{35}) volkomen. ^{36}) to be able, in staat zijn. ^{37}) tegenstand bieden.

Continuation.

They resolved ^{1}) now to build ^{2}) a hut, in order to winter ^{3}) there, near a stream, two miles inland. Four weeks passed ^{4}) in this labour ^{5}), though ^{6}) there was plenty of wood ^{7}) drifting near the coast. Towards the end of September the cold became ^{8}) very severe ^{9}) and made labour very difficult ^{10}). Fourteen days were required ^{11}) to break a few planks from the vessel, which was still ^{12}) in the same position. These planks were to be used ^{13}) for the walls and the roof ^{14}) of the hut. The cold became daily more intense ^{15}), and the dull ^{16}) nights grew ^{17}) longer. On the 18th of October the hut was so far ready ^{18}), that the crew ^{19}) could go and live in it. With very great difficulty ^{20}) they had brought ^{21}) the sloop and the boat, on which their hope of deliverance ^{22}) rested, near the hut. Already ^{23}) on the 4th of November the sun no longer appeared ^{24}) above the horizon ^{25}), but the moon rose and did not set [26]) again. It was continual [27]) night, and the cold was so severe, that even the white bears, against which they had often [28]) had to fight, left [29]) the neighbourhood [30]). They were obliged [31]) to make clothes from the skins [32]) of the white foxes, which they caught in traps [33]), and of which they ate the meat [34]); especially they used these skins to cover [35]) their feet. They were in the necessity [36]) to have heated stones even [37]) in bed, and in spite of all this [38]) they hardly [39]) felt [40]) any warmth.

[1]) besluiten. [2]) bouwen. [3]) overwinteren. [4]) voorbijgaan. [5]) arbeid. [6]) ofschoon. [7]) overvloed van hout. [8]) worden. [9]) streng. [10]) het werk zeer moeielijk maken. [11]) noodig. [12]) nog. [13]) gebruiken. [14]) *wall*, wand; *roof*, dak. [15]) scherp. [16]) droevig. [17]) worden. [18]) gereed. [19]) manschappen. [20]) ongeloofelijke moeite. [21]) brengen. [22]) redding. [23]) reeds. [24]) komen. [25]) gezichteinder. [26]) ondergaan. [27]) steeds. [28]) dikwerf. [29]) verlaten. [30]) deze streken. [31]) genoodzaakt. [32]) huid. [33]) in vallen vangen. [34]) vleesch. [35]) ter bedekking. [36]) gedwongen. [37]) zelfs. [38]) trots al deze middelen. [39]) nauwelijks. [40]) voelen.

Conclusion.

Meanwhile [1]) they struggled [2]) manfully against every misfortune [3]). In January they perceived again some difference [4]) between day and night, and the cold began to diminish [5]) a little. In February the sun appeared [6]) again on the horizon, the foxes left them [7]) and the white bears came back [8]). But now the cold increased again very much and continued [9]) until the first half of April. Only with great difficulty they could keep the hut warm [10]), and they were obliged to dig the wood they wanted [11]) out of the snow [12]). Towards the end of May they dug also the sloop and the boat out of the snow, both with such great exertions [13]), that their strength was often completely exhausted ¹⁴). Then they had to clear a way ¹⁵) through the ice with pickaxes and hatchets ¹⁶), in order to get water ¹⁷). On the 14th of June they ventured ¹⁸) at last to begin their return. The ice often placed the two boats in great danger, and finally ¹⁹) they became so damaged ²⁰) that they had to be drawn ²¹) on the ice to be repaired ²²). After four days they could continue ²³) their road ²⁴), but had still incessantly to struggle against the same dangers. A storm separated ²⁵) the two boats, but they soon met again. At the same time they had continually to defend themselves against bears and morses ²⁶). On the 3rd of August they arrived ²⁷) at the southern part ²⁸) of Nova-Zembla and, after a voyage ²⁹) as dangerous as it was difficult, reached Kola in the middle of September, whence ³⁰) they sailed to Holland ³¹), where they at last happily landed.

¹) intusschen. ²) kampen. ³) onheil. ⁴) eenig verschil zien. ⁵) verminderen. ⁶) verschijnen. ⁷) afscheid nemen. ⁸) terug komen. ⁹) aanhouden. ¹⁰) *to keep warm*, verwarmen. ¹¹) noodig hebben. ¹²) *to dig out of the snow*, van onder de sneeuw opgraven. ¹³) zooveel inspanning. ¹⁴) uitputten. ¹⁵) een weg banen. ¹⁶) houweelen en bijlen. ¹⁷) aan het vaarwater komen. ¹⁸) wagen. ¹⁹) ten laatste. ²⁰) beschadigen. ²¹) *they had to be drawn on the ice*, zij moesten op het ijs getrokken worden. ²²) herstellen. ²³) vervolgen. ²⁴) vaart. ²⁵) van elkander scheiden. ²⁶) walrus. ²⁷) landen. ²⁸) zuidelijke uithoek. ²⁹) vaart. ³⁰) van waar. ³¹) zich naar Holland inschepen.

III. FAMILIAR PHRASES.

Wees zoo goed mij te zeggen.	Be so kind as to tell me.
Heb de goedheid mij te zeggen.	Have the kindness to tell me.

Vergun me op te merken.	Allow me to observe.
Neem me niet kwalijk, dat ik U in de rede val.	Pardon me, if I interrupt you.
Ik heb een verzoek aan U.	I want to ask you something.
Wil U me een dienst bewijzen?	Will you render me a service?
Doe me dit genoegen.	Do me this pleasure.
Bewijs me deze vriendschap, deze eer.	Do me this kindness, this honour.
Ik verzoek U (dringend).	I beg you.
U zou me zeer verplichten.	You would much oblige me.
U zou me geen grooter genoegen kunnen doen.	You could not do me a greater pleasure.
Reken op mijn erkentelijkheid.	Be convinced of my gratitude.
Dank U vriendelijk.	Thanks, many thanks.
Wel verplicht.	Much obliged.
Ik bedank U.	Thank you.
Ik neem het in dank aan.	I accept it with many thanks.
U is wel goed.	You are very good.
U is al te goed.	You are too good.
U maakt me verlegen.	You confuse me.
Ik ben U zeer dankbaar voor Uw goedheid.	I thank you very much for your kindness.
Vergun mij U mijn erkentelijkheid te betuigen.	Allow me to offer you my most sincere thanks.
Ik weet niet, hoe ik zooveel beleefdheid beantwoorden zal.	I do not know how to repay so much politeness.
Dit is een nieuw bewijs van Uw vriendschap.	That is a new proof of your friendship.
Geef me de gelegenheid U weêr van dienst te zijn.	Give me an opportunity of being of service to you.
Dat gaat niet.	That cannot be.

Dat is me onmogelijk.	That is impossible (to me).
Het spijt me, maar ik kan het niet doen.	I am sorry I cannot do it.
Het hangt van mij niet af.	That does not depend on me.
Dat gaat mij niet aan.	That is not my business.
Ik bemoei me niet met die zaken.	I do not meddle with these things.
Daar zal niets van komen.	Nothing will come of it.
Het oogenblik is niet gunstig.	The opportunity is not favorable.
Op een andere tijd.	Another time.
Met de beste wil van de wereld kan ik het niet doen.	Much as I should like, I cannot do it.
Het doet me leed, dat ik U hierin niet kan dienen.	I am sorry I cannot be of any service to you.
Vergeef me, Mijnheer, neem het mij niet kwalijk.	Pardon me, Sir, do not be offended with me.
Duid het niet ten kwade.	Do not take it amiss.
Wat zegt U? Wat zeg je?	What do you say?
Wat belieft U? (b'lieft)	What do you want?
Waarvan spreekt U? (Waarvan spreek je?)	Of what do you speak?
Wat versta je of verstaat U daaronder?	What do you mean by it?
Wat dunkt U er van?	What do you think about it?
Wat raadt U mij te doen?	What do you advise me to do?
Hoe kan men dit weer goed maken?	How can one make it all right again?
Hoe denkt U er over?	What do you think of it?
Wat kan ik er aan doen?	What can I do?
Wat zou U in mijn plaats doen?	What would you do in my place?

Bedenk maar eens (pr. ĕs).	Think for a moment.
Hoe meer ik nadenk, hoe meer ik overtuigd ben, dat ik ongelijk had.	The more I think about it, the more I am convinced I was wrong.
Hoe is het weêr?	How is the weather?
Schijnt de zon?	Does the sun shine?
Is het maanlicht?	Does the moon shine?
Het is mooi weêr.	It is fine weather.
Het is warm weêr.	It is warm weather.
Het waait.	It blows.
Ik vrees dat we regen zullen krijgen.	I am afraid we'll have rain.
Het regent zeer hard.	It rains very hard.
Laten we ergens schuilen.	Let us take shelter.
Het is maar een bui, het zal wel gauw over zijn.	It is only a shower, it will soon be over.
De wolken verdeelen zich, het wordt helder.	The clouds divide, it clears up.
Ik heb het erg warm.	I am very warm.
Ik ben geheel bezweet.	I am in a perspiration.
't Is drukkend warm.	It is very close, sultry.
Er komt onweêr op.	A storm is gathering.
Het is een hevig onweêr.	It is a terrible storm.
Het dondert, het weêrlicht.	It thunders, it lightens.
De lucht begint op te klaren.	It begins to clear up.
Het is morsig buiten.	It is very dirty out of doors.
Er waait een koude (pr. kou'e) wind.	The wind is very cold.
We naderen de herfst.	We are near autumn.
De dagen nemen af.	The days begin to shorten.
Het is koud.	It is cold.
Het is erg koud.	It is very cold.
Het vriest, het rijpt.	It freezes, there is a hoar frost.

Het sneeuwt, het dooit.	It snows, it thaws.
De nevel verdwijnt.	The fog clears up.
De dagen worden langer.	The days are lengthening.
De winter zal gauw voorbij zijn.	Winter will soon be over.
Zonder komplimenten, Mijnheer.	Without compliments, Sir.
Laten we maar geen komplimenten maken.	No compliments between us.
Zonder omslag.	No fuss.
Maak niet zoo veel omslag.	Do not make so much fuss.
Wees welkom, Mijnheer.	Welcome, Sir.
Hoe vaart U? Hoe gaat het?	How do you do?
Om U te dienen.	At your service.
Het doet me genoegen U wel te zien.	I am glad to see you well.
I wensch er U geluk mee.	I wish you joy of it.
Vaarwel, tot weêrzien.	Farewell, till the pleasure of meeting again.
The French words *adieu, bonjour, bonsoir* are often made use of in Holland even among the lower classes.	
Ik heb de eer U te groeten.	I have the honour to bid you good bye.
Wees zoo vriendelijk en doe mijn komplimenten aan Mijnheer....	Be so kind as to give my compliments to M....
Groet hem van mij.	Give him my kind regards.
Breng hem mijn vriendelijke groeten.	Assure him that I'll always be his friend.
Uw dienaar, Mijnheer, Mevrouw, Juffrouw.	Your servant Sir, Madam, Miss.

IV. PROVERBIAL PHRASES.

Tand om tand.	To give tit for tat.
Iemand iets ongezoutens zeggen.	To give a person a bit of one's mind.
Al het water van de zee kan hem dat niet afwasschen.	All the water of the sea cannot cleanse him of it.
Rijkdom baart zorgen.	No riches without cares.
Met vragen komt men naar Rome.	By asking many questions one learns much.
Het is een heet ijzer om aan te raken.	It is a delicate matter to undertake.
Als het kalf verdronken is, wil men den put dempen.	When the mare is stolen, they'll lock the stable.
Als niets komt tot iets, kent het zich zelf niet.	Put a beggar on horseback and he'll ride to the devil, (or „Beggars mounted run their horse to death").
Praatjes vullen de buik niet, or *praatjes vullen geen gaatjes*.	The proof of the pudding is in the eating.
Eigen haard is goud waard.	There is no place like home.
De stad is ingenomen zonder slag of stoot.	The town has been taken without offering any resistance.
Zooals je gekookt hebt, moet je eten.	What you have cooked, you must eat.
Een spiering uitgooien, om een kabeljauw te vangen.	Risk a sprat to catch a herring.
Men weet niet of men vleesch of visch aan hem heeft.	He is neither one thing nor another.
Zoo gezaaid, zoo gemaaid.	As one sows one must reap.
Dwalen is menschelijk.	It is human to err.

De tering naar de nering zetten.	To live within one's means.
Een gladde aal bij de staart hebben.	To have to do with a slippery fellow.
Ieder ding heeft zijn keerzij.	Every medal has its reverse.
Een leelijk veulen wordt somtijds (commonly *soms*) een mooi paard.	An ugly foal sometimes grows up a handsome horse.
Na regen komt zonneschijn.	After rain comes sunshine.
Veel kleintjes maken één groot.	Many pence make a pound.
Het geld, dat stom is, maakt recht wat krom is en wijs wat dom is.	Money, which is dumb, makes straight what is crooked and wise what is stupid.
Kom ik over de hond, dan kom ik ook over de staart.	The beginning is more difficult than the end.
Bij de een halen, om bij de ander te betalen.	To tittletattle, — to carry from one to another.
Hoe meer haast hoe minder spoed.	The greater haste the less speed.

APPENDIX.

KEY TO THE EXERCISES.

11.

Ware vrienden zijn zeldzaam. — God is de schepper der wereld en de vader der schepselen. — Vriendschap is een der grootste schatten van het leven. — (*Een*) rechtschapen man doet niet alleen zijn vrienden, maar ook zijn vijanden gerechtigheid (*wedervaren*). — Rijkdom en waardigheden zijn niets in vergelijking met deugd en een goed geweten. — Een knap man is nuttiger voor de maatschappij dan een man van fortuin.

12.

De fabelleer (mythologie) heeft tot onderwerp *de* kennis der heidensche goden. — Rusland is het uitgestrektste rijk in Europa. — Het machtige Rome sidderde bij het naderen van de groote Hannibal, maar het zwakke Griekenland vreesde niets van de trotsche Xerxes. — Nederland is het geboorteland van Boerhave. — Voltaire noemde Frederik de Tweede de Salomo van het Noorden. — Plinius de oude, bijgenaamd de natuurkundige, stierf gedurende de regeering van Vespasianus.

13.

De reisgenooten van Columbus dreigden hem te dooden

en naar Spanje terug te keeren, indien zij niet in drie dagen in de nieuwe wereld, waar zij naar zochten, zouden aankomen. — Koning Codrus begaf zich in het kamp van de vijand als een boer verkleed en zocht twist, opdat hij gedood worden en zijn volk de overwinning behalen mocht, hetgeen het orakel (de godspraak) hem beloofd had, onder voorwaarde, dat hij, als aanvoerder, door de vijand zou worden omgebracht. — De oude Grieken en Romeinen beeldden de Tijd af als een oud man, houdende in de eene hand een zeis en in de andere een zandlooper.

14.
Koning Knoet.

Knoet, koning van Denemarken, wandelde eens langs het strand met eenige van zijn hovelingen, die *luide* (adv.) zijn macht roemden en onder anderen zeiden, dat zee en land verplicht waren hem te gehoorzamen. De koning, die deze vleiers wilde beschamen, plaatste zich te dien einde zoo dicht als i kon bij de zee en sprak: „Ik beveel u, zee, niet te naderen en mijn voeten niet nat te maken." Niettemin kwamen de golven naar hem toe en maakten zijn voeten geheel nat. Toen keerde i zich tot zijn hovelingen en zei: „Vleiers! ziet Uw koning, aan wie, naar Uw zeggen, zee en land zouden gehoorzamen; op wiens bevel echter de golven niet eens keeren. Niemand is almachtig dan God en niemand verdient almachtig genoemd te worden dan Hij, die alle dingen geschapen heeft en ze alle onderhoudt."

15.
Voorbeeldige standvastigheid van een rechter.

Een bevoorrechte dienaar van prins Hendrik, de zoon van Hendrik IV, koning van Engeland, van een misdaad beschuldigd, werd voor 's konings rechtbank gebracht en op last van het gerechtshof in hechtenis genomen. Toen de jonge prins dit hoorde, beschouwde i het als een beleediging voor hem zelf en ijlde in hevige gemoedsbeweging naar de zaal, waar de rechters verzameld waren. Hij beval hen zijn dienaar onmiddellijk in vrijheid te stellen. Iedereen was verbaasd en bevreesd voor de drift van de prins, behalve de opperrechter, Sir William Gascoigne. Zonder eenige verbazing of ontsteltenis te toonen zeide hij de prins, dat i aan de wetten van het koninkrijk moest gehoorzamen, maar dat, indien i iets voor de gevangene wilde doen, hij zich aan de voeten van de koning moest werpen om voor de misdadiger (om) genade te smeeken. „Dit", voegde hij er bij, „is de eenige weg om te verkrijgen, wat ge verlangt, zonder de wetten te overtreden of het recht te verkrachten." Doch deze eerbiedvolle taal maakte geen indruk op de prins, die met dezelfde onstuimigheid eischte, dat de gevangene onmiddellijk in vrijheid gesteld zou worden, *onder bedreiging* dat hij hem anders met geweld zou bevrijden. De edele lord sprak hem daarop toe met al de bedaardheid van een rechter, die doordrongen is van de waardigheid van zijn ambt. „Prins", zei i, „uit kracht van die gehoorzaamheid, die gij aan de koninklijke macht verschuldigd zijt, beveel ik u, u niet te bemoeien met de gevangene, opdat gij niet langer door uw drift dit gerechtshof beletten moogt zijn plicht te doen."

Slot.

Bij deze woorden werd de prins woedend, trok zijn zwaard en stormde op de rechter aan, alsof i voornemens was hem te dooden, maar de edele lord bleef bedaard, en sprak de prins met zijn krachtige stem in de volgende bewoordingen toe: „Prins, bedenk, dat ik hier uw souverein en uw vader vertegenwoordig, en dat, uit hoofde van deze beide betrekkingen, gij mij dubbel gehoorzaam dient te zijn. Derhalve beveel ik u in zijn naam van uw voornemen af te zien en voortaan een beter voorbeeld te geven aan hen, die eens uw onderdanen zullen zijn; en tot straf voor de ongehoorzaamheid en de verachting, die gij voor de wetten getoond hebt, gelast ik u onmiddellijk naar de gevangenis te gaan en daar te blijven tot de koning, uw vader, zijn wil hieromtrent heeft bekend gemaakt." De woorden klonken als een donderslag in de ooren van de prins; zij brachten hem tot nadenken; hij gaf zijn zwaard aan iemand van zijn gevolg, maakte een diepe buiging voor de opperrechter en ging vrijwillig naar de gevangenis.

Men gaf onmiddellijk de koning van deze gebeurtenis kennis, en er waren nog hovelingen genoeg, die de toorn van de vorst tegen Sir William Gascoigne trachtten op te wekken. Maar toen de koning alle omstandigheden vernomen had, richtte i zijn oogen en handen ten hemel en riep uit: „O God! Hoeveel dank ben ik U niet schuldig! Gij hebt mij een rechter gegeven, die zonder vrees gerechtigheid oefent en een zoon, die zijn hartstochten weet te bedwingen."

16.

Avonturen van Heemskerk en Barends op Nova-Zembla.

Deze twee zeelieden zeilden in Mei 1596 van Amsterdam om een noordwestelijke doortocht te vinden en waren binnen weinige weken op 74 graden N.B. (noorderbreedte) gekomen. Daar geraakten zij tusschen schrikkelijke ijsschotsen, met sneeuw bedekt, die zij op eenige afstand voor zwanen hadden aangezien. Eenige dagen lang zeilden zij, door deze ijsschotsen omringd (*voort*), en ontdekten op de 9de Juni de Bereneilanden. Van toen af stuurden zij voort-

durend noordwaarts, vonden niets dan drijfijs en bereikten
de 19de Juni de kust van Spitsbergen, waar zij ankerden.
Van daar zeilden zij opwaarts, en ontdekten de 17de Juli
Nova-Zembla, naar welks noordelijke punt zij de steven
wendden. Hier werden zij herhaaldelijk bezocht door witte
beren en waren gedwongen dikwijls aan te leggen in de
nabijheid van groote ijsvelden, om een gunstige gelegenheid
tot het voortzetten van hun tocht af te wachten. Bovendien
was het gevaar om door de drijvende ijsschotsen verpletterd
te worden dikwijls zeer dreigend. Op de 30ste
Augustus dreef een scherpe wind voortdurend blokken ijs
tegen het schip aan. Een groote menigte hoopte zich op
zoodanige wijze tegen het schip op, dat het *gevaar liep* op
zijn kant geworpen te worden. Maar ook aan de andere
zijde drongen groote ijsschotsen met zooveel kracht tegen
het schip aan, dat het eindelijk geheel op het ijs stond als
was het door mekaniek daar geplaatst. Nog was het gevaar
om het schip te verliezen niet voorbij. Groote ijsschotsen
drukten er al door tegen aan, zoodat het kraakte en
dreigde te bersten. Een paar dagen later *kwam* er een
aanmerkelijke opening in. De sloep en de boot waren reeds
op het ijs uitgezet; men begon de levensmiddelen aan land
te brengen en maakte des te meer spoed daar de 5de September
het schip volkomen *op zij* was geworpen en nauwelijks
in staat zou zijn iets langer aan de drukking van
het ijs weêrstand te bieden.

Vervolg.

Zij besloten nu een hut te bouwen, ten einde daar te
overwinteren, nabij een rivier, twee mijlen landwaarts in.
Vier weken gingen met die arbeid voorbij, hoewel er overvloed
van hout bij de kust dreef. Tegen het einde van
September werd de koude zeer streng en maakte het werk

zeer moeielijk. Veertien dagen waren noodig om van het schip, dat zich nog in dezelfde ligging bevond, een paar planken af te breken. Deze planken moesten gebruikt worden voor de muren en het dak van de hut. De koude werd dagelijks scherper en de droevige nachten werden langer. Op de 18de Oktober was de hut zoo ver gereed, dat de manschappen er in konden gaan wonen. Met ongelooflijke moeite had men de sloep en de boot, waarop hun hoop op redding berustte, nabij de hut gebracht. Reeds de 4de November kwam de zon niet meer boven de gezichteinder, maar de maan kwam op en ging niet weer onder. Het was steeds nacht en de koude was zoo streng, dat zelfs de witte beren, waar zij vroeger dikwijls tegen te vechten hadden, deze streken verlieten. Zij zagen zich genoodzaakt kleederen te maken uit de huiden van witte vossen, die zij in vallen vingen en waarvan zij het vleesch aten. Zij waren gedwongen zelfs in bed geheete steenen te gebruiken en trots al deze middelen voelden zij nauwelijks eenige warmte.

Vervolg.

Ondertusschen kampten zij manmoedig tegen ieder onheil. In Januari merkten zij weer eenig onderscheid op tusschen dag en nacht, en begon de koude een weinig af te nemen. In Februari verscheen de zon weer boven de gezichteinder; de vossen verlieten hen en de witte beren kwamen terug. Maar nu nam de koude weer sterk toe tot de eerste helft van April. Slechts met groote moeite konden zij de hut verwarmen en het hout, dat zij noodig hadden, moesten zij van onder de sneeuw opgraven, beide met zooveel inspanning, dat hun kracht dikwijls geheel was uitgeput. Verder hadden zij met houweelen en bijlen een weg door het ijs te breken om aan het vaarwater te komen. De 14de Juni waagden zij het eindelijk hun terugtocht te beginnen. Het ijs bracht de twee booten meermalen in groot gevaar, en ten laatste geraakten zij zoozeer beschadigd, dat zij op het ijs moesten getrokken worden om hersteld te worden. Na vier dagen konden zij hun vaart vervolgen, maar nog hadden zij onophoudelijk te worstelen tegen dezelfde gevaren. Een storm scheidde de beide booten van elkander, maar spoedig ontmoetten zij elkander weer. Tegelijk hadden zij zich voortdurend te verdedigen tegen beren en walrussen. De 3de Augustus landden zij op de zuidelijke uithoek van Nova-Zembla en na een even gevaarlijke als moeitevolle vaart bereikten zij Kola in het midden van September, van waar zij zich naar Holland inscheepten om er ten slotte behouden voet aan wal te zetten.

D.
CHRESTOMATHY.

(SELECTION OF PROSE AND POETRY FROM THE BEST MODERN AUTHORS).

HILDEBRAND.

Keesjen. (†)

Ik had nog nauwelijks met mijn' zakdoek ¹) het stof van de bank ²) van 't prieeltjen ³) geslagen, en was bezig, op mijn gemak nedergezeten, met de oogen op het loodsjen ⁴), het plaatsjen ⁵) en het hekjen gericht, mij te verlustigen ⁶) in het denkbeeld, hoe goed alles bij mijn' oom en tante in de verf ⁷) was, als de plaatsdeur openging en Keesjen verscheen. Daar hij den geheelen tuin dóór moest, om ter plaatse zijner bestemming ⁸) te komen, en hij bijna zeventig jaar op zijne schouders torste ⁹), had ik tijds genoeg om op te merken dat er iets aan scheelde ¹⁰). Hij strompelde ¹¹) eerst bijna tegen de rollaag ¹²) aan, waarop hij niet scheen verdacht te wezen ¹³), schoon hij er sedert jaren alle morgens om half tien ¹⁴) ure overheen moest stappen; hij liet den

---

(†) Observe the form of the diminutive in *-jen* i. st. of in *je*, a peculiarity of this author.

zondagschen rok van mijn oom, dien hij over den arm had, door het zand sleepen [15]), en voor hij den appelboom voorbij was, was de borstel [16]) dien hij in de hand hield, tweemaal gevallen. Als hij nader kwam, zag ik dat zijn wangen zeer bleek en flets [17]) waren, onder zijn niet zeer netjes onderhouden [18]) baard; zijn geheele gelaat was betrokken [19]); zijn oogen waren dof, en toen hij mij voorbijging was het niet als anders: „lief weêrtjen, mijnheer!" maar hij nam zijn' hoed stilzwijgend af, en strompelde naar het plaatsjen. Met een diepen zucht [20]) trok hij daarop zijn jas uit, zoodat hij mij, in zijn eng zwart vest met mouwen, al het magere en gebogene van zijne gestalte zien liet. De roode blikken [21]) tabaksdoos, die half uit den eenen vestzak stak, bleef onaangeroerd, en met wederom een diepen zucht hing hij den rok van mijn oom over den knaap [22]). Met een nog dieper zucht greep hij den borstel op, stond eenige oogenblikken in gedachten de haren op te strijken, en begon toen den rok te borstelen, beginnende met de panden [23]).

„Hoe is 't, Keesjen! Gaan de zaken niet goed?" riep ik hem toe.

Keesjen borstelde altijd door. Hij was wat doof [24]).

Wanneer men den volzin herhalen moet, dien men op een' eenigszins meewarigen [25]) toon heeft uitgesproken, is 't glad [26]) onmogelijk het met dezelfde woorden te doen. Ik stond op, kwam een stapjen nader, en zei wat harder:

„Wat scheelt er aan, Kees?"

Kees ontstelde [27]), zag mij aan en bleef mij een oogenblik met strakke oogen aanzien; daarop vatte hij weêr een mouw van mijn ooms zondagschen rok, en begon opnieuw te borstelen. Er liep een traan [28]) langs zijn wangen.

„Foei, Kees!" zei ik; „dat moet niet wezen; ik zie waterlanders [29]), dunkt me."

Keesjen veegde zijn oogen met de mouw van zijn vest

af, en zei: „'t Is een schrale ³⁰) wind, meheer Hildebrand."

„Ei wat, Keesjen!" zei ik, „de wind is niemendal schraal. Maar daar schort iets aan ³¹), man! Heb je een courant ³²) verloren?"

Keesjen schudde het hoofd, en ging hardnekkiger dan ooit aan 't schuieren ³³).

„Kees!" zei ik: „je bent te oud om verdriet te hebben. Is er iets aan te doen, vrind?"

De oude man zag vreemd op bij het hooren van het woord „vrind". Helaas, misschien was 't hem op zijn negenenzestigste jaar nog geheel nieuw. Een zenuwachtige ³⁴) glimlach, die iets verschrikkelijks had, kwam over zijn mager gezicht; zijne grijze oogen luisterden eerst op ³⁵), werden toen weêr dof, en schoten vol tranen. Zijn gansche gelaat zeide: ik zal u vertrouwen. Zijn lippen zeiden:

„Hoor reis meheer! Kent uwe Klein Klaasjen?"

Hoewel ik nu een' zeer specialen vriend heb, die Nicolaas gedoopt is, en van wien 't niet onmogelijk was, dat Keesjen hem wel eens gezien had, zoo kon ik echter onmogelijk op gemelden Nicolaas den naam van Klein Klaasjen toepassen, aangezien hij een zeer „lange, blonde ³⁶) jongen" is, en nooit zou ik hebben willen gelooven dat gemelde Nicolaas, hoe onaardig ³⁷) hij ook somtijds wezen kan, de oorzaak zou kunnen zijn van oude Keesjens tranen. Ik antwoordde dus dat ik Klein Klaasjen niet kende.

„Heeft meheer Pieter hem uwe dan niet gewezen ³⁸)? De heele stad kent Klein Klaasjen. Hij krijgt centen genoeg," ging Keesjen voort.

„Maar wat is het dan voor een man?" vroeg ik.

„Het is," zei Keesjen, „in 't geheel geen man. 't Is een dwerg ³⁹), meheer! een dwerg, zoo waar als ik hier voor je sta." —

¹) pocket handkerchief. ²) bench (the same word is used in the sense of „bank"). ³) summer house. ⁴) shed. ⁵) court-yard. ⁶) to amuse one's self. ⁷) paint. ⁸) destination. ⁹) to bear. ¹⁰) to be the matter with. ¹¹) to stumble. ¹²) stones. ¹³) to be aware of. ¹⁴) half past nine (Remark this way of expressing the time: literally „half ten" etc. a quarter to: *kwart voor*.... a quarter past: *kwart over*...). ¹⁵) to drag. ¹⁶) brush. ¹⁷) sunken. ¹⁸) kept. ¹⁹) clouded. ²⁰) sigh. ²¹) tin. ²²) literally „boy" — here a clothes'-horse. ²³) skirts. (*Pand* has also the signification of a pledge). ²⁴) deaf. ²⁵) commiserating. ²⁶) quite, adv.; the adj. means smooth, slippery. ²⁷) to start. ²⁸) a tear (also: train, oil). ²⁹) a coll. expression—tears. ³⁰) sharp. ³¹) there is something wrong. ³²) a newspaper. ³³) brushing. ³⁴) nervous. ³⁵) to clear up. ³⁶) fair. ³⁷) naughty. ³⁸) to point out. ³⁹) dwarf.

Notes belonging to
KEESJE of HILDEBRAND.

nauwelijks — *hardly* (*nauw* means *narrow*, *-elijks* is a termination forming adverbs); *stof* — *dust* [from the verb *stuiven* — *to raise dust*, so from *sluiten* (to shut) we derive the subst. *slot* (lock), from *genieten* (to enjoy) *genot* (enjoyment) etc. All these subst. are neuter]; *bezig met* — *engaged in* (comp. the English word *busy*, *business*); *op mijn gemak* — *at my leasure* (*gemak* means *ease*); *denkbeeld* — *idea* (from *denken* — *to think* and *beeld* — *image*); *goed in verf* — well and properly painted; *als de plaatsdeur openging* — *when* the door leading to the court-yard was opened (N.B. i. st. of *als* we would rather say *toen*); *dóór moest*, suppl. *gaan* (to go); *ter plaatse*, contracted for *te der plaatse* expression belonging to a former period of the language, in which declension played a more considerable part, *ter plaatse* means *on the place*.

tijds genoeg — a genitive case, lit. enough *of* time (French: *assez de* temps); *om half tien* (ure) at half past nine o'clock; the last word *ure* would be omitted in the spoken language; *er over heen* — over it (*heen* is difficult to translate, it means: *away, along*); *voorbij was*, suppl. *gekomen* — ere he had *come* beyond the apple-tree (comp. hereabove *door moest* with the meaning of *d. m. gaan*); *als* hij nader kwam — *when* he came nearer (common Dutch *toen* i. st. of *als*); *netjes* — *properly, decently* [several adverbs in Dutch end in -*jes*, as *zoetjes* (gently), *zachtjes* (softly), *matigjes* (moderately). They are derived from adjectives with the diminutive desinence -*tje* and accordingly they all involve the idea of *a little*]; *het was niet: lief weêrtje, mijnheer* — it was not (suppl. *heard*): „fine weather!" Observe the diminutive in expressions like this: een vroolijk *zonnetje* — a pretty (little) sun, een flink *regentje* — a good (little) rain etc., which is peculiar to every day language in Holland (comp. however the French *soleil*, a diminutive of the Latin *sol*); *stilzwijgend* — silently (from the adj. *stil* and the verb *zwijgen*); *steken uit iets* — to appear above or under a thing; *in gedachten* (suppl. *verdiept* — *absorbed*); *iemand iets toeroepen* — to call something *to* a person; hij borstelde *door* — he went on brushing, he continued to brush (the adverb *door* prefixed to any verb generally conveys the idea of continuity); *wat* doof — *a little* deaf; *herhalen* — to repeat; *volzin* — sentence; *wat* harder — *a little* louder (comp. *wat* doof); *wang* — cheek; *meheer*, dialectical form for *mijnheer*, commonly pronounced *mĕ-nair;* *niemendal* popular form, depraved for *niet-met-al* (not-*with*-all — not at all); *schudden* — to shake; *hoofd* — head; *aan iets gaan* — to begin, ex. *aan het schuieren gaan* — to set about brushing; [*hardnekkig* — obstinate (from *hard* — hard and *nek* — the backpart of the neck) (*neck* is *hals* in Dutch); *iets er aan doen* — to do something for it, to make amends for it, *is er iets aan te doen?* — cannot the

8

thing be helped; *vrind* dialectical form for *vriend* (friend); *iets verschrikkelijks*, a genitive case, lit. something *of* terrible (comp. the French: quelque chose *de* terrible); *weêr* contraction for *weder* — again; his eyes „*schoten* vol tranen" i. e. „were *suddenly* filled with tears" (the idea of *suddenly* is expressed by the verb *schieten* — to shoot); *vertrouwen* — to trust; '*reis* abbreviation for *een reis*, a time. The word *reis* (i. st. of *maal* or *keer*) is only made use of in *some* of the spoken dialects. The Scotch dialect has *a raise* in the same meaning; *Uwe*, dialectical form for *U — you* (politely). The Dutch word *U* is an enormous contraction for *Uwe Edelheid* (your nobility), which has first been depraved into *Uwedele*, then contracted to *Ueêle*, and abbreviated to *Ueê*, which became *Uwe* and finally *U*; *doopen* — to baptize, to christen, to name; '*t* abbreviation for *het* or '*et* = *it*; *gemeld* (from *melden* — to mention) *the mentioned; toepassen* — to apply; *aangezien* conj. — since, because [properly *aangezien* is the past participle of the verb *aanzien*, to consider, so „aangezien hij is" means literally: (it) *being considered*, (that) *he is*]; *antwoorden* — to answer; *krijgen* — to get; *voortgaan* — to continue; *in het geheel niet* or *in 't g. geen* — not at all or no — at all.

J. VAN LENNEP.

Eene inleiding van Mejuffrouw [1]
Strauffacher.

Mijnheer en Mevrouw van Eylar waren allerbeste menschen, die om niets anders schenen te denken, dan om het hun' gasten [2]) zooveel mogelijk naar hun' zin [3]) te maken: en daarbij heerschte op Hardenstein de meest gulle [4]) en ongedwongen toon, die te bedenken is. Als ik zeg „ongedwongen" dan bedoel [5]) ik daarmede niet wat men nu sans gêne noemt, en 't geen daarin schijnt te bestaan, dat men met een sigaar in den mond door het huis loopt, met een jas en bemodderde [6]) laarzen binnenkomt, lui in een gemakkelijken stoel, of op een kanapee ligt uitgestrekt, de helft van den avond wegblijft om te rooken en de dames alleen laat zitten; — neen! men verstond het sans gêne toen anders, en gelijk men in de groote maatschappij zich aan de slavernij der wet onderwerpt om vrij te kunnen zijn — is 't niet Cicero, die zoo iets [7]) zegt? — zoo onderwierp men zich in de samenleving aan de slavernij der etikette om zijn eigen en eens anders genoegen te bevorderen [8]). Gelijk ik u reeds zeide, was men op Hardenstein den geheelen morgen zijn eigen meester; de heeren gingen vroegtijdig uit rijden [9]) of op de jacht; maar geen hunner zou er aan gedacht hebben, aan tafel anders dan in behoorlijke tenue te verschijnen, de pruik [10]) netjes gepoederd, schoone lubben en jabot en den degen op zijde. 's Avonds onder het muziekmaken viel er wel eens een, die voor dag en dauw [11]) in 't veld [12]) geweest was, in den dut [13]); maar als de theeboël opgeruimd en de speeltafeltjes gezet [14]) waren, was ieder weêr klaar, en aan 't souper dacht niemand er aan om vaak [15]) te hebben. Och! dat soupeeren raakt [16]) al zachtjens aan uit de mode.

Ik hoor nu dagelijks zeggen, dat in die jaren onze natie in een staat van diep zedelijk verval verkeerde [17]), dat de langdurige vrede, dien zij genoten had, de ontzettende rijkdommen, die men maar te verzamelen en te genieten had, de weelde en wat dies meer zij [18]) alle veerkracht had verlamd, alle ontwikkeling doen ophouden en dat men, gerust insluimerende op den roem der voorvaderen, in een toestand geraakt was van algemeene verdooving en machteloosheid. Ik ben niet op de hoogte [19]) om dat te beoordeelen; doch die zoo spreken oordeelen van 't geen zij niet gekend hebben, en zien althans [20]) de goede zijde van het tijdvak voorbij [21]). Ik verzeker u dat er toen in de meeste dingen vrij wat meer degelijkheid [22]) heerschte dan thans; als men bouwde, al was 't maar een onnoozel [23]) koepeltjen, dan bezigde men duurzame materialen, en men hoorde van geen muren, die vochtig waren, of afkalkten [24]), en van geen planken, die wegrott'en. In de meubelen heerschte ook vrij wat meer smaak en vinding dan in de hedendaagsche; en zij waren vrij wat [25]) keuriger en met meer zorg afgewerkt dan in dezen tijd, nu men enkel op 't goedkoope ziet en de boêl maar à la grosse morbleu wordt saêmgeflanst [26]); en het vleesch, aan 't spit gebraden [27]), smaakte heel anders dan nu het met de moderne ekonomische kookmachines wordt toebereid. Maar ik raak van den tekst en wat ik eigenlijk aanmerken woû [28]) is, dat de menschen toen ter tijd veel aangenamer in den omgang waren dan nu. Zooals ik straks begon te zeggen, men wist zijn vrijheid aan banden te leggen; ieder had het gevoel, dat, wanneer hij in een gezelschap werd toegelaten [29]), zulks onder de stilzwijgende voorwaarde was, dat hij zijn aandeel [30]) tot het algemeen genoegen moest bijbrengen en dan bleek het dat wie 't meest zijn best deed om anderen welgevallig [31]) te zijn en zich van de voordeeligste zijde te vertoonen, ook doorgaans [32]) zelf 't meeste genoegen had. Juist de omstandigheid, dat ons Vaderland toen vrede en rust genoot, was oorzaak [33]), dat er over politiek weinig of niet gesproken werd; en ofschoon er spanning tusschen de partijen in den Staat was ontstaan, en somtijds lieden van verschillende kleur elkaâr in gezelschappen ontmoet'en, men had de welvoegelijkheid [34]) in tegenwoordigheid van dames niet over politieke vraagpunten te twisten; de gesprekken liepen dan ook meer over literatuur en over de nieuwtjes van den dag. Enfin, hoe zal ik u zeggen? men wist toen nog te „praten", wat de Franschen noemen causer, een kunst [35]), die bij ons, gelijk bij hen, zoo goed als verloren schijnt, en door het verdwijnen [36]) waarvan de gezelschapskringen ontaard [37]) zijn of in dispuutkollegies, of in vervelend [38]) gewauwel over dienstboden en modewinkels. — Niet dat men toen ook niet somtijds over zeer onbeduidende [39]) dingen sprak; maar over al wat men zeide was een zeker waas [40]) van bevalligheid gespreid, dat alleen verkregen wordt door een goede opvoeding, door den omgang [41]) met hoogbeschaafde lieden en vooral door de gestadig aangekweekte [42]) zucht om te behagen. Gij zult zeggen — of neen, gij niet, anderen, die mij niet begrijpen kunnen, zouden zeggen: „de konversatietoon van die dagen was dus inderdaad niet veel meer dan een blinkend [43]) vernis, 't welk de oppervlakte vergulde [44]) eener maatschappij, van binnen verrot en bedorven."

[1]) Miss. (the same word is used for married women of the lower classes, *Madam* instead of „*Mevrouw*" — Mrs.) [2]) guests. [3]) taste. [4]) hospitable. [5]) to mean. [6]) dirty, muddy. [7]) something of the sort. [8]) to promote. [9]) to ride, or to drive. [10]) a wig. [11]) „*voor dag en dauw*" a colloquial expression: at break of day. [12]) *in 't veld* literally in the field, — out shooting. [13]) a nap. [14]) set out. [15]) (an equivalent for *slaap* — sleep). [16]) is getting. [17]) „*verkeerde*" was. (the verb *verkeeren* is often used in the sense of to be). [18]) and all other matters of this sort. [19]) not to feel adequate to. [20]) at any rate. [21]) „*voorbij zien*" — to overlook. [22]) solidity. [23]) simple. [24]) to lose the plaster. [25]) adv. much (the adj. *vrij* is „free" and the adv. with or without *wat* — rather). [26]) to knock together. [27]) roasted. [28]) colloquial for „*wilde*". [29]) admitted. [30]) share. [31]) agreeable. [32]) generally. [33]) the cause. [34]) decency. [35]) art. [36]) to disappear. [37]) to degenerate. [38]) wearisome. [39]) trifling. [40]) tint. [41]) intercourse. [42]) cultivated. [43]) glittering. [44]) to guild.

E. J. HASEBROEK.

Zusters van barmhartigheid [1]).

Zusters van Barmhartigheid! Zouden er niet velen gevonden worden zonder zoo geheeten [2]) te zijn? Ik geloof ten minste dat er rondgaan [3]) in de maatschappij, onder den nederigen naam van Gezelschapsjuffrouw [4]).

Het lot [5]) hangt menig jong schepsel het gewaad [6]), dat haar tot de zusterschap der liefdadige vrouwen wijdt [7]), om de schouderen. Menigeen, die zich vroeger met fluweel [8]) en zijde tooide [9]), neemt gedwongen de pij [10]) der dienstbaarheid aan, en verlaat de woning der weelde om, gescheiden van de vreugde der jonkheid, en in het vooruitzicht van tallooze ontberingen, bij haar eigen jammer nog vreemd leed te gaan torsen [11]).

Ziele- of lichaamslijden roepen haar hulp in; ellende is vaak [12]) de voorwaarde van hare plaatsing. Zoo gaat zij van den een naar den ander; beurtelings [13]) strijdende met zelfverveling, of met de kwalen der lijders, die voor hare rekening komen, en wordt gewoonlijk, zoo niet mishandeld, dan toch miskend. Nochtans, niet steeds is ondank haar loon. Zij ziet uit het zaad [14]) der droefheid menige schoone en aangename vrucht opgroeien, en vangt het eerst na den Schepper haren liefelijken geur in hare ziel op.

[1]) mercy. [2]) called. [3]) to go about. [4]) lady-companion. [5]) fate. [6]) garment. [7]) to consecrate. [8]) velvet. [9]) to adorn. [10]) a serge robe. [11]) to bear a burden. [12]) often. [13]) alternately. [14]) seeds.

H. CONSCIENCE. †).

Terugkomst van de Fransche kostschool.

Omtrent een half uur vóór de gestelde ¹) aankomst, stond er eene bijna oude vrouw eenzaam voor de bureelen van den ijzeren-weg ²); zij was zindelijk ³) gekleed, met een kostelijke kanten ⁴) trekmuts ⁵) op het hoofd en een' fijnen lakenschen mantel om het lichaam. Genoegzaam nochtans kon men bemerken, dat het eene burgervrouw was, die hare zondagsche kleêren droeg, en daarom, zeker tegen alle gevaar van slecht weder, een buitengewoon groot scherm of *parapluie* met zich genomen had. — Het hart van vrouw Van Roosemael, want zij was het, klopte van moederlijke ⁶) teederheid; zij ging hare lieve Siska omhelzen ⁷), dat beminde kind in hare armen drukken, en nu zonder ophouden de belooning smaken ⁸) van al den twist, al het verdriet en al de moeilijkheden, die zij had doorworsteld ⁹) om haar eene *luisterrijke* ¹⁰) *opvoeding* te doen geven. O, wat vreugd zal dit haar zijn!

Ha, daar fluit ¹¹) het ijzeren gevaarte in de verte! Van alle zijden komen de bedienden uit hoeken en kanten geloopen, uit magazijnen en barakken ¹²) gekropen. De metalen stem van den monsterwagen betoovert de doodstille statie in een woelig veld, en het is onder allerlei geroep en geschreeuw dat het gevaarte stilhoudt.

---

†) Conscience is a Belgian author. His language is Dutch, but contains a few provincial (Flemish) words, which are not made use of in Holland, f. i. *ijzeren weg* (railroad) in stead of *spoorweg*, *statie* i. stead of *station* (railwaystation), *waas* (gauze) i. st. o. *gaas*, *blikken* (to look) i. st. of *kijken*, *staren; aanmerking* (observation) i. st. of *opmerking*, *betooveren in* i. st. of *herscheppen in*, etc.

Nu jaagt [13]) de moederlijke boezem onstuimiger; het gelukkig oogenblik is aanstaande! De oude vrouw plaatst zich bij den uitgang der statie en blikt met nauwkeurigheid op het gelaat van al de vrouwen, die haar voorbijsnellen [14]). Weldra vliegen de huurrijtuigen beurtelings stedewaarts, de zware *omnibussen* sluiten den stoet [15]), en in min dan eenige oogenblikken is het ijzeren paard op stal [16]) gezet, de bedienden zijn in hunne holen teruggekropen, de reizigers verdwenen en de statie is weder in hare vorige stilte gedompeld [17]). Moeder Van Roosemael ziet het hek [18]) toegaan; droefheid beklemt [19]) haren boezem; een pijnlijke zucht ontsnapt hare borst... Zij heeft hare Siska niet gezien! Nochtans blijft zij ter plaatse staan, alsof zij door eene geheime kracht aan het hek vastgehecht ware; en misschien zou zij nog lang in treurige gedachten gedoold hebben, hadde zij niet van verre een jonge vrouw bij een *vigilante* [20]) gezien.

Zou dat wel hare Siska zijn? Onmogelijk! het is eene rijke dame; haar weerschijnend en kleurwisselend zijden kleed laat een groot gedeelte van haar' hals bloot! Het is waar, een wazen [21]) *fichu* schijnt hem te willen bedekken, doch verbergt hem niet; bij elke beweging, die zij doet, dansen lange krullen rondom hare wangen; van haren kostelijken [22]) hoed waait een winderig gepluimte [23]), hare hand houdt een zeer klein parasolleken; vijftien doozen [24]) van allerlei vorm en twee groote kisten liggen vóór hare voeten... Het is Siska niet.

Dit zijn de aanmerkingen, die moeder Van Roosemael maakt, en de gedachten, welke door haar' ontstelden geest gaan. Eensklaps doet de jonge dame een teeken van ongeduld aan de oude vrouw, en laat daardoor hare wezenstrekken [25]) beter zien. Hemel, het is hare Siska!... Zie, de stramme [26]) moeder huppelt vooruit als een jeugdig meisje; twee tranen schieten in hare oogen, een blikkerende [27] lach beglanst haar gelaat, zij opent de armen en roept met roerende [28] blijdschap:

„O Siska, mijn kind!"

Het moet zijn, dat de naam Siska de jonge dame beschaamt; zij wordt rood! Dan, die kleur vergaat spoedig, en zij doet twee stappen vooruit naar hare moeder. Deze wil hare beide armen om den hals van haar kind slaan; maar zie, de verfranschte [29] dochter zal zich niet aan de omstanders ten tooneele geven. Zij vat de hand harer moeder, houdt die sterk vast en belet [30] de omhelzing. Dan zegt zij:

„Goedendag, mama. Hoe gaat het? En met papa? — Let op, gij trapt [31] op mijne doozen.... Ik sta hier al een half uur op u te wachten."

Waren deze woorden hard of onbetamelijk? [32] In eene andere omstandigheid zouden zij het misschien niet geweest zijn; maar nu doorsneden [33] zij het hart der liefderijke moeder als zoovele messen. Inderdaad, was dit de taal, welke Siska voeren [34] moest na een geheel jaar afwezigheid? Geen enkelen zoen [35], geen handdruk voor haar, die gedurende drie jaren in twist met haren goeden man geleefd had om Siska te believen; voor haar, die al hare hoop in de wederliefde van haar eenig kind gesteld had! Zij moest haar pijnlijk zijn, de hartscheurende [36], de dorre ontmoeting; want de arme vrouw sloeg zich de twee handen voor de oogen en begon snikkend en met overvloedige tranen te weenen [37]).

Zooverre was allé natuurlijk gevoel echter bij Siska nog niet uitgedoofd [38], dat zij de smart harer moeder zonder medelijden kon aanzien; integendeel, hare goede inborst [39] nam de overhand. Zij bracht haren arm om den hals harer moeder en zoende ze op beide wangen met eene drift [40], die zooveel te sterker was, daar zij uit eene geweldsaandoening ⁴¹) voortsproot. Getroost en gelukzalig was de oude vrouw; zij hield haar kind tegen de borst gesloten ⁴²) en staarde met zuigende ⁴³) blikken haar in de oogen. „O, Siska, mijne lieve Siska!" herhaalde zij, bevend van ontsteltenis ⁴⁴.)

¹) fixed, appointed. ²) railroad. ³) neatly. ⁴) lace. ⁵) closely fitting cap. ⁶) motherly, maternal. ⁷) to embrace. ⁸) to enjoy. ⁹) to struggle through, to overcome. ¹⁰) superior. ¹¹) whistle. ¹²) sheds. ¹³) to throb. ¹⁴) to fly past. ¹⁵) train. ¹⁶) stable. ¹⁷) plunged. ¹⁸) gate. ¹⁹) to oppress. ²⁰) a cab. ²¹) gauze. ²²) expensive. ²³) feathers. ²⁴) boxes. ²⁵) features. ²⁶) stiff. ²⁷) bright. ²⁸) touching. ²⁹) frenchified. ³⁰) to prevent. ³¹) to tread on. ³²) unbecoming. ³³) to pierce. ³⁴) to hold. ³⁵) a kiss. ³⁶) heart-rending. ³⁷) to weep. ³⁸) to deaden. ³⁹) feeling, character. ⁴⁰) passion. ⁴¹) strong emotion. ⁴²) pressed. ⁴³) „sucking" i.e. eager. ⁴⁴) emotion.

W. A. VAN REES.

De dood van een braaf soldaat.

Geen dag ging er voorbij, waarop de commandant niet het hospitaal bezocht. Hij had behoefte ¹) om te toonen dat het lijden zijner dappere soldaten hem niet onverschillig ²) was; behoefde zich te overtuigen dat 't hun, die blijken ³) hadden gegeven van hun leven veil te hebben ⁴) voor den roem van het vaderland, aan niets ontbrak nu hun leven op het spel ⁵) stond. Gewoonlijk nam hij wat tabak en sigaren voor de reconvalescenten mede; en waren die kleine giften welkom, nog veel meer genoegen deden de vriendelijke, deelnemende woorden van den chef, die den zieken zoo welluidend in de ooren klonken ⁶).

Natuurlijk werd de krib van den braven Verkest nooit voorbijgegaan zonder een paar woorden met hem te wisselen [7]; als er gevraagd werd „waarmede men van dienst kon zijn", volgde doorgaans het bescheiden verzoek: „met een pakje sigaren". Dat was niet voor eigen gebruik [8] — *hij* mocht niet rooken — „maar om 't aan die goede jongens te geven, die hem zoo goed oppasten" [9]. Toch wist de echtgenoot van den commandant nog wel het een of ander te bedenken wat den zieke [10] aangenaam was, en menige schotel [11] door haar zelve bereid — versnaperingen [12] die in inrichtingen ten algemeenen nutte onmogelijk *kunnen* verstrekt [13] worden — vond zijn weg uit de keuken van het residentiehuis naar het hospitaal. Dat Verkest door haar niet vergeten, maar *dagelijks* bedacht werd, sprak vanzelf.

En toch, niettegenstaande de beste zorgen ging de zieke meer en meer achteruit [14]; hoop op behoud bestond er helaas! niet meer.

Op zekeren avond liet Verkest door een hospitaalsoldaat den majoor weten, dat hij hem gaarne wilde spreken. Toen deze kort daarna de zaal binnentrad, waarin Verkest met een vijftigtal andere zieken werd verpleegd, trof [15] hem de buitengewone stilte, die er heerschte, een sombere stilte, door den inlander [16] zoowel als door den Europeaan geëerbiedigd. Niemand die een woord sprak; al wat men hoorde, was het gesteun [17] van Verkest.

Daar lag hij, die arme! half-opzittende in zijn krib, door de zorg zijner makkers met een wit gordijn [18] voorzien. Daar lag hij, zichtbaar lijdende en stervende, maar kalm en geduldig als altijd.

Eenige jonge soldaten, óók lijders, stonden op een afstand om hem heen, gereed om op een woord, op een wenk [19], aan zijn verlangen te voldoen. Één bracht onophoudelijk verkoeling aan met een' waaier [20]), een ander hield een doek in de hand om hem nu en dan het zweet [21]) van het hoofd te vegen; een derde stond met een lepel water gereed om hem te laven [22]). De lamp had men aan den kant van zijn krib met een doek bedekt, opdat het licht hem niet hinderde.

Deelneming, bezorgdheid, hartzeer [23]) was op ieders gelaat te lezen. Ja, in de oogen van sommigen, wien hij juist een hartelijk woord had toegevoegd [24]), parelden zelfs tranen!

't Was aandoenlijk te zien, hoe die „ruwe klanten" [25]) hun makker met zorgen omringden; een moeder kon waarlijk haar kind niet beter verplegen. En als het aanschouwen van de droefheid eener moeder bij het sterfbed van haar kind hartverscheurend [26]) is, de tranen van „soldaten" bij het sterfbed van een geliefden makker dringen niet minder door de ziel.

Toen Verkest den majoor zijn krib zag naderen, helderde zijn gelaat een oogenblik op; hij stak zijn' chef de hand toe en zeide met een duidelijke stem, maar door zwakte getemperd en nu en dan afgebroken:

„Ik dank u, majoor! dat ge gekomen zijt; — ik rekende er op, want gij zijt niet onverschillig voor een soldaat. Het doet me plezier u nog even te zien, want ik wilde gaarne afscheid van u nemen. — Ik voel dat 't gedaan is [27]); den dag van morgen zal ik niet meer zien."

„Zoo moet ge niet spreken, Verkest! Gij zijt wel erg ziek, maar hopeloos is 't immers niet? Den moed maar niet verloren! gij moet blijven leven."

„Neen, neen, majoor! ik voel 't te goed dat ik aan het einde ben; uit het spreken van den dokter heb ik 't ook wel gemerkt. Buitendien [28]), den dag waarop ik hier binnenkwam, wist ik al, dat ik er uit zou gedragen worden.

— Dat is ook minder; een soldaat moet er niet tegen opzien [29]) om te sterven, — en den moed daartoe heb ik ook wel."

De laatste woorden gingen met een zachten glimlach gepaard, alsof hij wilde zeggen: „dááraan heeft 't mij nimmer ontbroken". [30]) — En dat was waar.

„Wilt ge dan, dat ik een' zendeling [31]) laat roepen, met wien gij wat kunt spreken?"

„Och neen, majoor! dat is niet noodig. Alleen *u* wilde ik zien; en als *gij* zegt dat ik in vrede kan gaan, zal mij dat een voldoende [32]) troost zijn."

„Ik heb," vervolgde hij na eenige oogenblikken, „ik heb van mijn leven wel verkeerdheden [33]) gedaan, — ik ben jong geweest, en toch wel eens dingen uitgevoerd die ik had moeten laten — maar willens en wetens heb ik nooit iemand kwaad gedaan. — 't Waren van die kleine zonden, die ik hoop dat mij wel zullen vergeven worden. — Ik ben al vroeg in dienst gegaan, en — u weet 't wel, majoor! de verleiding [34]) is dan 't grootst. — Maar ik deed toch altijd mijn plicht als soldaat, ik heb altijd getracht [35]) te voldoen. — En als gij, die mij al zoolang kent en die weet wat een soldaat is, als *gij* mij zegt, dat gij tevreden over mij zijt. dan ga ik gerust de eeuwigheid [36]) in."

„Maar Verkest! twijfelt ge er nog aan, of ik tevreden over u ben! Gij zijt de *beste* soldaat dien ik onder mijn orders heb; gij waart een voorbeeld voor ieder, die met u diende of u leerde kennen; gij deedt altijd uw plicht met meer nauwgezetheid [37]) dan elk ander. En als ik over een' dienaar als gij niet tevreden was, zou ik méér dan onbillijk [38]) moeten wezen. — Neen! als het een troost kan zijn de verzekering te ontvangen dat ge steeds al datgene verrichtet [39]), waarvoor ge geroepen waart, dat zeg ik u hier plechtig [40]) — ik roep God tot getuige — dat ik nimmer een trouwer, flinker en beter soldaat zag dan gij zijt. — Ge kunt gerust van deze wereld scheiden: daarboven zult ge zeker in genade [41]) aangenomen worden, want hier volbracht [42]) ge uw taak als soldaat naar behooren [43]), en ook als mensch waart ge steeds een brave kerel."

En om hem van de oprechtheid zijner woorden nog beter te overtuigen, drukte de majoor hem nog eens de klamme [44]) hand.

„Welnu, majoor! dan ga ik ook gerust heen; — gij zegt het, en ik geloof 't ook — God zal mij wel bij zich nemen. — Ik dank u nog wel, dat gij mij dien laatsten troost zijt komen geven."

Na een stilte van weinige seconden hervatte hij:

„Ik heb nog een verzoek aan u; — dat zult ge mij óók wel willen toestaan."

„Spreek, Verkest!"

„Of u aan den burgemeester van Nieuwvliet wilt schrijven, hoe ik hier gebleven en als een goed soldaat voor mijn vaderland gestorven ben. Dat zal mijn familie en kennissen dáár genoegen doen, en dan zal men nog eens met eere aan mij kunnen denken..."

Hier stokte [45]) zijn stem een oogenblik, en werden zijn oogen vochtig [46]).

„Want," ging hij weer op bedaarden [47]) toon voort, „want toen ik wegging, majoor! was 't niet alles in orde met mij; ik was een beetje in den wind [48]), zoodat ze dáár wel eens gedacht zullen hebben dat 't met mij niet goed zou afloopen [49]). — Als men nu hoort dat ik opgepast [50]) heb en de chefs over Verkest tevreden waren, dan zullen de menschen in het dorp mijn naam in eerlijke herinnering houden."

„Ik beloof 't u, Verkest! als gij sterft, zal ik alles goeds van u aan den burgemeester schrijven."

„Nu majoor! dan ga ik gerust heen. — Groet mevrouw

en de kinderen nog eens voor me, en bedank mevrouw voor haar belangstelling [51]) — en voor het goede, dat zij mij bewees, — God zegene [52]) u en uw gezin."

Al hetgeen Verkest had gezegd, was wel op ernstigen, maar tevens op den natuurlijken toon en met groote kalmte gesproken. En toch, toen hij zweeg en van vermoeidheid [53]) de oogen sloot, hoorde men niets dan het snikken [54]) der jonge soldaten. Ook de ouderen konden hunne tranen niet bedwingen, en zelfs de majoor deed geen moeite de zijne te weerhouden [55]).

't Was een familietafereel, die „vader der soldaten" op den rand [56]) der krib zittende, hand in hand met een' zijner stervende zonen! Die ruwe klanten, zelfs geblakerde [57]) en vermagerde gezichten, met diepe litteekens [58]) en halfgesloten wonden, als kinderen weenende bij het sterfbed van een' broeder! Een tafereel, dat men waarlijk niet in een hospitaal te velde zou verwachten [59]).

En toch was 't juist zoo; die officier en die soldaten, die elkander in het vuur hadden leeren kennen, schaamden zich niet hun gevoel lucht te geven [60]).

Toen Verkest de oogen weer opende, zag hij niets dan liefdevolle blikken van diepbedroefde makkers.

„Komaan, jongens! niet gehuild [61]) omdat een kameraad sterft! Ik ga gerust heen. — Ik dank u wel — dat gij mij zoo goed oppastet; gedurende mijne ziekte hebt gij mij als trouwe jongens geholpen."

Eén voor één stak hij nu zijn makkers de klamme hand toe, en één voor één kwamen zijne makkers met afgewend hoofd en gebroken hart die hand drukken.

Nog eens vatte hij die zijns chefs, en zeide:

„Dag, majoor! denk nog eens aan Verkest! — Vaarwel!"

„Dag, brave kerel! God zegene u!"

Een uur later sliep Verkest zacht en kalm in, om niet weer te ontwaken.

¹) to feel the want of. ²) indifferent. ³) proofs. ⁴) to hold cheap. ⁵) at stake. ⁶) to sound. ⁷) to exchange. ⁸) use. ⁹) to take care of. ¹⁰) patient. ¹¹) dish. ¹²) dainties. ¹³) served out. ¹⁴) *achteruitgegaan*, grown worse. ¹⁵) to strike. ¹⁶) native. ¹⁷) groaning. ¹⁸) curtain. ¹⁹) sign. ²⁰) fan. ²¹) perspiration. ²²) to refresh. ²³) grief. ²⁴) to address. ²⁵) rough fellows. ²⁶) heart-rending. ²⁷) it is all over with me. ²⁸) besides. ²⁹) to dread. ³⁰) to fail. ³¹) missionary. ³²) sufficient. ³³) wrong things. ³⁴) temptation. ³⁵) to endeavour. ³⁶) eternity. ³⁷) exactitude. ³⁸) unjust. ³⁹) to perform. ⁴⁰) solemnly. ⁴¹) grace. ⁴²) to perform. ⁴³) becomingly. ⁴⁴) chilly. ⁴⁵) to give way. ⁴⁶) moist. ⁴⁷) calm. ⁴⁸) *in den wind gaan*, to go wrong. ⁴⁹) to end. ⁵⁰) to behave well. ⁵¹) interest. ⁵²) to bless. ⁵³) fatigue. ⁵⁴) sobs. ⁵⁵) to restrain. ⁵⁶) edge. ⁵⁷) bronzed. ⁵⁸) scars. ⁵⁹) to expect. ⁶⁰) to give way to. ⁶¹) to howl.

C. E. VAN KOETSVELD.

De rentenier van het dorp.

Korten tijd na mijne komst op Mastland, werd het beperkt ¹) getal der heeren en der zwarte rokken nog met één vermeerderd, — een *rentenier;* en daar deze geheel buiten onze gewone dorpsclassificatie valt, ben ik wel genoodzaakt, aan de beschrijving van zijn persoon een afzonderlijk hoofdstuk te wijden ²).

Indien mijn boekske de eer mocht hebben van velen stadslezers in handen te komen, zullen zij waarschijnlijk vragen: „Is een rentenier dan zoo een belangrijk ³) wezen? of is het den schrijver te doen, om zijn boek te vullen?" — Ja lezers, hij is een belangrijk wezen — onder ons.

Zie, de kostbaarheid ⁴) van de meeste zaken hangt af van hare zeldzaamheid ⁵). Keisteenen en aardappelen verschillen hoofdzakelijk door hun aantal van diamanten en ananassen [6]). Bij u, vooral in de groote koopsteden, zijn menschen genoeg en heeren in overvloed. Een rentenier is er iemand, die u voor de voeten loopt [7]), terwijl gij ijverig bezig zijt. Hoogstens acht gij hem nuttig, als een gieter [8]), om groot geld in 't klein te verspreiden; of ook als den hond Munito, om stilzwijgend eene plaats aan het schaakbord of de speeltafel [9]) te bezetten. Overigens heeft hij geen stem [10]) in zaken [11]). Er is dan ook eene natuurlijke antipathie tusschen een' rentenier en eene koopstad. Bezigheid en duurte zijn twee ziekten die er inheemsch zijn en waarvan hij een doodelijken afschrik heeft. Daarom trekt er ieder voorjaar, tegen de Meimaand, gewoonlijk een zwerm landverhuizers [12]) van dit slag [13]) ter poorte uit, en verstrooit zich heinde en verre [14]).

Maar hoogst zeldzaam verdwaalt [15]) een van deze zwervelingen in onze streken. Renteniers, als trekvogels [16]) beschouwd, zijn geneigd om te zwerven, ten einde aldus hun grootsten vijand, den tijd, met gezamenlijke krachten te dooden. Waar dus eenigen hunner zijn, liefst op een goedkoop en gelegen [17]) dorp of in een miniatuurstadje, trekken vanzelf de anderen heen.

Het was dan tot algemeene verbazing, dat in het voorjaar van 1839 voor ons rechthuis een rijtuig stilhield, beladen met een rentenier. Hij had, ik weet niet hoe, gehoord, dat bij ons een net burgerlijk huis te koop stond, waarin binnenkort een oud en eenig landman, de eenige rentenier van de plaats, gestorven was; en hij was niet ongenegen [18]), om in dit huis, zoo het hem aanstond [19]), dezelfde affaire te continueeren. De erfgenamen, die met een huis zonder winkel [19b]) of melkerij volstrekt geen raad wisten, waren hiermede zeer in hun schik; en de heer Duifhuis kocht de woning voor een matige som gelds, ofschoon zij hem zeker nog minder zou gekost hebben, indien de zaak door de tweede-hand ware gegaan en de rentenier achter de schermen [20]) gebleven.

Maar ik moet u een weinig nader met de vroegere geschiedenis van onzen man bekend maken, gelijk ik die van tijd tot tijd uit goede bronnen [21]) ben te weten gekomen. Adrianus Duifhuis (een beroemde [21b]) naam!) is iemand van goede afkomst. Zijne ouders waren menschen van middelen, en zijn ongeluk is, dat hij dit te vroeg geweten heeft. Zijne eenvoudige moeder was zoo ingenomen met haar eenig zoontje, zoo bevreesd, dat hij zich aan noodeloos lijden zou blootstellen, dat zij hem bij elken arbeid herinnerde: „Janus-lief! verg u zelven niet te veel: gij behoeft het toch eigenlijk voor uw brood niet te doen, jongen!" — Ware Janus nu een luiaard [22]) geweest, dan zou hij niets geworden zijn, en rustig en rijkelijk hebben kunnen teren [23]) op het ouderlijke erfgoed. Maar dit streed tegen zijn' aard [24]), zoowel als tegen den wensch van zijn' vader. Als jongeling besliste hij zich tot de studie der medicijnen; maar de Latijnsche grammatica viel hem bitter zuur, en, *daar hij het toch voor zijn brood niet behoefde te doen*, brak hij er zoo weinig mogelijk zijn hoofd mede. Daarbij beweerde [25]) zijn vader, dat een dokter niet door Latijn spreken maar door oefening en practijk, zieken moest leeren genezen [26]), en Janus kwam op de academie, zonder dat iemand recht wist, hoe hij er had kunnen komen. Hier was hij wel een goed patriot, maar een slecht medicus; en toen de komst der Franschen de staatkundige twistvragen besliste, begon hij eerst te begrijpen, welk een berg van moeielijkheden hij nog had door te worstelen, eer hij Medicinae Doctor worden kon. En met den oprechtsten lust tot dit vak [27]) gaf hij het, na eene en andere poging om door zijn examen te komen, weldra op, *daar het toch zijne broodwinning niet was*. Er was dan ook niets aan verbeurd [28]).

Moeder vreesde zelfs voor de besmetting [29]) der zieken, daar men zich toch niet aan behoefde bloot te stellen, *als 't niet noodig was;* en vader bezorgde hem spoedig een post [30]), die wel niet voordeelig, maar toch eervol was. Hier bevond hij zich recht op zijne plaats, en zijne republikeinsche denkwijze deed hem met vurigen ijver zijne betrekking vervullen. Maar de zaken namen een' anderen keer: ons vaderland werd in het Fransche keizerrijk ingelijfd; Duifhuis, wiens ouders inmiddels gestorven waren, kon met zijn Fransch niet best te recht [31]), en hij nam zijn ontslag [32]), daar hij toch niet langer ambtenaar behoefde te blijven, *dan hij zelf wilde.* — Daarna heeft hij zich in den handel gewaagd: hij was daarin wel ijverig genoeg, maar had er te weinig kennis van, en wist zich daarenboven niet te schikken naar de gebondene levenswijs en den voorzichtigen omgang van den handelsstand; wat behoefde het ook? *hij was een man van middelen.* Zoo kwam hij altijd te laat op de beurs [33]), maakte zich gedurig vijanden onder grootere handelaars, en bleef ten slotte met onbruikbare goederen en onbetaalde posten zitten. — Maar wat was ook gezette [34]) handel noodig? *Speculatie* was immers veel aangenamer, *als men geene eigenlijke kostwinning zocht?* Ongelukkig kwam hij daarbij in aanraking met eenige oude rotten van de beurs, die behendig zijne staatkundige denkwijs wisten te vleien. Hij speculeerde dan in effecten [35]), en was daarbij op de hand [36]) van Grieken, Columbianen, Cortes en alle mogelijke liberalen, daar hij spoedig *geloofde*, wat hij *hoopte*. Ongelukkig is de Vrijheid een slecht financier, en Duifhuis begon nog maar even bijtijds te begrijpen, dat hij wel niets voor zijn brood behoefde te *doen*, maar het toch hoog noodig werd, er iets voor te *laten* [37]). Hij verzamelde dus het overschot [38]) van zijn vermogen, en zocht een stil en weinig bezocht hoekje op, omdat zijne laatste lotgevallen hem een' afkeer hadden ingeboezemd ³⁹) van al, wat den naam van stedeling draagt. En die afkeer is bij hem zoo diep geworteld, dat, als mijn goede oom Jan, dien hij geheel niet kent, op het dorp komt, den geheelen dag zijn gordijntjes toegeschoven ⁴⁰) blijven.

Toen ik dit alles vernomen had, verwonderde ik mij eenigszins, dat hij, na zoo van de eene hand in de andere te zijn overgegaan, als een sleutel, die nergens op past ⁴¹), er nog zoo vroolijk en welgedaan uitzag, zoodat men hem waarlijk tien jaren minder schatten zou, dan hij er telt. Maar zoodra ik hem nader leerde kennen, begreep ik, dat hij dit, behalve aan een vaste en geregelde gezondheid, te danken heeft aan zijne eigenliefde. Hij heeft zich nooit overspannen ⁴²), nauwelijks ingespannen bij eenigen arbeid, en daarbij heeft hij nooit eenig ongeluk aan zich zelven, maar alles aan de omstandigheden geweten ⁴³). Hevige hartstochten hebben hem nimmer beroerd ⁴⁴) vooral nadat zijn eerste republikeinsche ijver een weinig bekoeld is. Aan het geld heeft hij zich nooit bijzonder gehecht, terwijl hij ook nimmer eigenlijk gebrek heeft geleden. En alles te zamen genomen, heeft hij nooit tegen den stroom opgeroeid ⁴⁵), maar zich steeds daardoor laten afdrijven, tot zijn scheepje hier beland is.

¹) small. ²) to dedicate, or consecrate, — spelt *weiden* — to graze, *uit te weiden*, to expatiate. ³) important — *belangwekkend*, interesting. ⁴) value. ⁵) rarity, scarcity. ⁶) pine apples. ⁷) to be in the way. ⁸) a watering-pot, from *gieten* to pour and to cast — of molten metals etc. ⁹) card-table. ¹⁰) vote; in other significations — voice. ¹¹) things; i.e. in this sense " business-matters." ¹²) emigrants. ¹³) sort — in other senses: a blow, a battle. ¹⁴) in all directions. ¹⁵) to wander, to lose one's way. ¹⁶) bird of passage. ¹⁷) well situated. ¹⁸) disinclined. ¹⁹) to suit. ¹⁹ᵇ) shop; in other senses: corner. ²⁰) scenes.

²¹) sources. ²¹ᵇ) celebrated. ²²) sluggard. ²³) to live on. ²⁴) to go against the grain. ²⁵) to assert. ²⁶) to cure. ²⁷) profession. ²⁸) lost — literally: forfeited. ²⁹) infection. ³⁰) appointment, situation; otherwise post — in the same senses as the English word. ³¹) to get on with. ³²) sent in his resignation. ³³) Exchange — literally: a purse. ³⁴) regular. ³⁵) stocks. ³⁶) on the side of. ³⁷) to give up. ³⁸) remains. ³⁹) to inspire. ⁴⁰) drawn close. ⁴¹) to fit. ⁴²) to over-exert. ⁴³) past part. of *wijten*, to reproach. ⁴⁴) to agitate. ⁴⁵) to row.

C. BUSKEN HUET.

Eene stiefmoeder.

„Ik wou veel liever dat er een huishoudster was gekomen. Zoo'n nieuwe mama, wat heb je er aan?" ¹)

„Maar Anna, bedenk ²) toch van wie ge spreekt. Papa weet beter dan wij, wat voor ons en anderen dienstig is."

„Papa heeft gelijk ³), Keetje, groot gelijk; dat geef ik toe ⁴). Maar mama?"

„Hoe kunt ge zoo dwaas wezen? Als papa niet om mama gevraagd had, was zij immers onze mama niet geworden? Mama kan toch niet helpen, dat papa liever haar heeft dan een huishoudster?"

„Best mogelijk. Maar ik wou dan liever een huishoudster."

„Nu, een huishoudster is ook niet alles."

„Toch liever een huishoudster dan een stiefmoeder."

Dus keuvelden ⁵), onder het naar bed gaan, twee meisjes van twaalf en veertien jaren. Zij waren de oudsten van een zes- of zevental halve weezen ⁶), jongens en meisjes door elkaar, over wie Anna, de oudste van allen, zoo goed zij kon toezicht hield. Twee jaren geleden ⁷) was de moeder van het gezin „komen te vallen" ⁸); eene voormalige dienstbode was over de huishouding gesteld geworden; oneerlijkheid en nalatigheid hadden hare verwijdering noodzakelijk gemaakt; de handelszaken van den vader gedoogden [9]) niet dat hij zelf de verzorging van alles op zich nam; afkeer [10]) van bezoldigde huishoudsters, half juffrouwen, half dienstbaren, had hem naar een tweede huwelijk doen verlangen; dat huwelijk was kortelings voltrokken; sedert weinige dagen had de jonge vrouw haar moeilijk werk aanvaard [11]) — en wij vernemen uit de samenspraak der beide kinderen, dat noch rozengeur noch maneschijn gezegd konden worden de hier ondernomen taak te verdichterlijken [12]). Nog had de eerste wittebroodsweek [13]) niet uitgeduurd, en reeds was de speelman van het dak [14]).

Keetje was aanstonds volgzaam en meegaande genoeg. Maar de oudste, van wier stemming [15]) zooveel afhing, kostte hare stiefmoeder menigen zucht en vrij wat stille tranen. Zij was een goed kind, uitmuntend van aanleg, doch zoozeer vervuld met de herinnering aan de overledene [16]), dat zij blind scheen voor de zorgen en offers [17]) door de tweede moeder aan haar besteed en gebracht. Noch dezer goedheden, noch de berispingen haars vaders, noch de terechtwijzingen van haar jongere zuster, niets scheen in staat haar te winnen. De stiefmoeder was en bleef in hare schatting eene vreemdelinge, die inbreuk [18]) was komen maken op hare rechten als oudste dochter, op hare vooruitzichten als alleenheerscheresse over de huishouding haars vaders.

Meisjes tusschen de veertien en vijftien, wanneer ze kwaad willen, zijn de hardvochtigste aller schepselen. Nog jongensachtig genoeg om, bij buiig [19]) weder, tusschen licht en donker, met de broêrs een potje te knikkeren [20]) of een gangetje te drijftollen [21]), zijn zij tevens afgericht [22]) in onnaspeurlijke plagerijen ver boven het begrip van knapen verheven. Zwaar weegt haar juk [23]) op de dienstboden, inzonderheid op het loopmeisje, zelve nauwelijks zestien. Zwaar ook, indien de omstandigheden haar dit raadzaam doen keuren, op vader en moeder. Hare ondankbaarheid is grenzenloos, hare zelfzucht bodemloos [24]), hare lichtgeraaktheid zinneloos, hare koppigheid roereloos, hare opvliegendheid toomeloos. Doch deze „zwarte tijd", deze galperiode der jonge deernen, houdt niet aan [25]). Het is een overgangstijdperk; en geen vier jaren verloopen, of de goedgestemden onder haar slaan om [26]) als een blad. Dan stelt men u voor aan „mijn oudste dochter, die van het voorjaar haar belijdenis heeft gedaan" [27]), en gij kunt het niet op [28]), zoo lief als zij geworden is. Is dit hetzelfde wezen dat gij, bij een vroeger bezoek, toornig over eene onbeduidende aanmerking, de kamer zaagt uitstuiven [29]), de deur hoordet toekletsen [30]), de trap opsnikken [30b]), en waarvan de moeder u zeide, dat ze er „zoo'n moeilijk kind" aan had?

Aldus Anna. Zij heeft haar achttienden verjaardag niet afgewacht om tot inkeer te komen [31]). Sinds langer of korter, maar nooit helderder dan op het oogenblik waarvan wij thans gewagen, ziet zij in, hoeveel zij aan hare stiefmoeder verplicht is. En niet alleen zij, maar het gansche gezin. Een liefderijk en verstandig bestuur heeft de ordeloosheid van het tweejarig *interim* vervangen [32]). Al is de kinderbende met nog een broêrtje en nog een zusje aangegroeid, de nieuwe moeder is er niet kariger [33]) om geworden in liefdebetoon aan de eerstgeborenen. Anna bewondert eene tot hiertoe onbegrepen zelfverloochening [34]). Niet zonder schrik bedenkt zij, hoeveel door haar zelve is bijgedragen om dien heldenmoed op de proef te stellen [35]). Dit denkbeeld is haar een telkens nieuwe spoorslag [36]) om het misdrevene goed te maken [37]) en de herinnering er van uit te wisschen. Keetje en zij schijnen een verbond gesloten en bezworen te hebben (is niet elk rein hart een altaar, en elk heilig voornemen eene gelofte ³⁸), bij dat altaar gedaan?) om het overgeleverd vooroordeel tegen stiefmoeders eens en voor altoos te schande te maken ³⁹).

¹) „*ik heb iets aan*" ... = ... is of use to me. ²) remember. ³) to be right. ⁴) „*toegeven*", to allow, to grant. ⁵) to chat. ⁶) orphans. ⁷) ago adv.; the same word as past part. of the verb „*lijden*" means: suffered. ⁸) colloquial: „died". ⁹) to allow. ¹⁰) aversion. ¹¹) undertaken. ¹²) to render poetical. ¹³) honeymoon. ¹⁴) a coll. expression: all gaiety at an end. ¹⁵) mood. ¹⁶) deceased. ¹⁷) sacrifices. ¹⁸) *inbreuk maken*, to encroach on. ¹⁹) showery. ²⁰) to play a game of marbles. ²¹) to spin a top. ²²) trained. ²³) yoke. ²⁴) fathomless. ²⁵) to last. ²⁶) to turn. ²⁷) to be confirmed. ²⁸) cannot understand. ²⁹) to rush out of. ³⁰) to slam. ³⁰ᵇ) to sob in ascending. ³¹) to come to one's self. ³²) replaced. ³³) sparing. ³⁴) abnegation. ³⁵) to put to the test. ³⁶) inducement. ³⁷) to make reparation, to atone for. ³⁸) a vow. ³⁹) to refute, to shame.

DE OUDE HEER SMITS.

Wie is het?

Zijne *entrée de chambre* is onberispelijk ¹). Zijn toilet is sierlijk, zijne *frisure* laat niets te wenschen over. Hij spreekt keurig ²) Fransch, en in zijn geheele houding ³) is iets, dat een bescheiden besef ⁴) verraadt van zijne eigene verdiensten, dat wij niet afkeuren ⁵) mogen in iemand, die weet, dat hij een meester in zijn vak ⁶) is.

De dames ontvangen hem ten alle tijde met genoegen. Hij weet al het nieuws uit de stad, en heeft in Parijs de laatste modes gezien. Hij behandelt de heeren, vooral de ouderen, met eene zekere voorname onverschilligheid ⁷), welke van zijne onafhankelijkheid getuigt ⁸); maar een bal, eene *soirée*, of een concert zou, zonder hem, voor de dames niets dan verdriet opleveren [9]). Zijne bezoeken zijn nooit te lang gerekt, en hij speelt de hoofdrol, — zoodat man en vader voor hem wijken [10]) moeten — zoolang hij verkiest te blijven.

Hij verstaat meesterlijk de kunst om zich gewenscht te maken, door op eene niet overdreven [11]) wijze echter, op zich te laten wachten, en zijne komst bij de eene dame als eene haar welgevallige [12]) opoffering van eene andere te doen voorkomen.

Daarom toont hij evenwel geene dwaze vooringenomenheid met de eene of de andere, welke hem vijanden zou kunnen maken. Hij kent het vrouwelijk hart, en weet wel, dat men minder op de oprechtheid, dan op het aantal zijner complimenten zal letten.

Hetgeen, waarmede hij heden de schoone blondine vleit [13]), gebruikt hij morgen als hij hare bejaarde tante bezoekt; hij spreekt over zijne mededingers [14]) met eene zekere minachting, welke de bewustheid van zijn eigene kracht doet uitkomen, en hij is met een streelende blindheid geslagen [15]) voor de gebreken [16]) van diegenen, in wier gezelschap hij zich bevindt, hoewel hij duidelijk laat doorstralen [17]), dat hij die van anderen zeer goed opgemerkt heeft.

Hij laat zich door geene vooroordeelen [18]) van stand [19]) en rijkdom verblinden; hij frequenteert onverschillig alle huizen waar hij eenig voordeel voor zich zelven ziet; hij is evenzeer op zijn gemak met de hofdame als met de vrouw van den kleinen burger. Aan deze vertelt hij gaarne, — en hoe gretig [20]) wordt hij niet aangehoord! — veel van zijne bezoeken in de groote wereld, waar de looze [21]) verrader weder met diepe minachting over de pretenties der burgerlui spreekt! — Pretenties, mijne geliefden, waarover wij ons allen ergeren, niet waar? — en die wij nooit, nooit door ons voorbeeld, aanmoedigen [22])!

Zoodoende wordt hij een veel gezocht [23]), ja, bij velen in de wereld, een onmisbaar mensch. — Als men hem verwacht, en hij uitblijft, is de teleurstelling [24]) veelal grooter, dan het onvoorzien [25]) wegblijven van den meest geachten gast op onze partijen; zijne kleine oplettendheden, zijne hulpvaardigheid, zijne onschuldige vleierij maken hem tot een' algemeenen lieveling der dames, en zoo zij achter zijn' rug over hem spotten [26]) is dat alleen, omdat zij niet willen bekennen [27]), hoe onmisbaar hij haar geworden is.

Mijn waarde jonge vrienden! gij, die pas in de wereld treedt en niet weet, hoe u te houden [28]), om vooruit te komen: gij die gevoelt, dat gij lomp en onhandig [29]) zijt: gij, wien de complimenten en de baard nog in de keel blijven steken; gij, die echter met de edele zucht bezield [30]) zijt, om in de groote wereld te schitteren [31]); gij, die, hoe goed opgevoed anders, nog geen toon van conversatie hebt; gij, die den slag niet hebt [32]) om met de behoorlijke [33]) deftigheid over nietigheden [34]) te praten; — neemt hem, dien ik u afgeschilderd [35]) heb, tot voorbeeld! —

Dan zijt gij gered! Zoek hem in praatzucht [36]), in uiterlijk, zoo mogelijk, — en vooral in karakterloosheid te evenaren, en in alle kringen zult gij niet alleen een gewenschte gast zijn, maar nog meer — en dit moet uw ideaal wezen, gij zult een algemeen lieveling der dames worden, — zonder één vijand te hebben onder de meest verstandige mannen!

Gelooft ook niet, dat ik u eene denkbeeldige [37]) volmaaktheid voor oogen gehouden heb; ik heb geen ideaal geschetst; — hij, dien ik afgeteekend [38]) heb is een wezenlijk, levend mensch van vleesch en bloed; hij is gereed ook u, evenals vele anderen tot voorbeeld te strekken: — ik zal hem morgen bij u zenden: — het is — onze kapper [39])!

[1]) irreproachable. [2]) perfectly. [3]) manner. [4]) conviction. [5]) to blame. [6]) profession. [7]) indifference. [8]) to bear witness. [9]) afford. [10]) to give way. [11]) exaggerated. [12]) pleasing. [13]) to flatter. [14]) rivals. [15]) stricken. [16]) faults. [17]) to appear. [18]) prejudices. [19]) rank (the same word signifies, too, situation, position). [20]) eagerly. [21]) cunning. [22]) to encourage. [23]) sought. [24]) dissappointment. [25]) unexpected. [26]) to laugh at. [27]) to own. [28]) to behave. [29]) awkward. [30]) inspired. [31]) to make a brilliant figure. [32]) „den slag hebben", to have the gift. [33]) becoming. [34]) trifles. [35]) depicted. [36]) talkativeness. [37]) imaginary. [38]) sketched. [39]) hairdresser.

P. VAN LIMBURG BROUWER.

Kapitein van Berkel.

In de nabijheid van het fraai gelegen dorpje [1]) Diepenbeek, in de provincie Gelderland, verheffen zich uit een groep hooggetopte [2]) eiken en iepen twee torentjes, behoorende aan een gebouw, dat weleer een groot kasteel, thans voor de helft afgebroken, voor de andere helft in een smaakvol buitenverblijf herschapen [3]) is. Dit kasteel, nog steeds bekend onder den eerwaardigen naam van het slot Ammerstein, was nu twee jaren geleden, en is waarschijnlijk nog, de woning van een oud [4]) zeekapitein, een man, die vele steden en volken gezien had, en de harten der menschen beproefd. Nog zeer jong, als licht matroos [5]), begonnen, had kapitein van Berkel de zoo moeielijke kunst van gehoorzamen, op eene soms wel wat gevoelige, maar toch voor een jong mensch zeer profitable, wijze geleerd. Vervolgens was hij, na verscheidene reizen naar Oost en West, ook naar de Middellandsche [6]) zee, gedaan te hebben, derde stuurman [7]), en zoo tweede en eerste geworden, waarna hij, het opperbewind [8]) over een bodem (†) verkregen hebbende, in deze hoedanigheid nog verscheiden malen denzelfden weg heen en weêr voer, dien hij reeds zoo goed, in zijne mindere qualiteiten had leeren kennen, en dit zoo dikwijls, dat hij, eindelijk overtuigd geworden, dat het in een goede haven toch beter is dan altijd op zee te zwalken [9]), zijne reeders [10]) bedankt had, en zich op het zoo even vermelde Ammerstein gevestigd [11]).

De menigvuldige gevaren, die kapitein van Berkel gelukkig had doorgestaan, en over 't geheel zijn onrustig leven, hadden hem bijzonder geschikt gemaakt voor het genieten van de stilte en de rust van een beperkten en huiselijken [12]) kring. Kapitein van Berkel was niet als die weeke [13]) troetelkinderen [14]) der fortuin, die zuchten bij de geringste bezigheid, en die, als zij niets te doen hebben, zich doodelijk vervelen [15]). Hij was gelijk aan den jager, die, na een vermoeienden dag, zich, in een behagelijk niets doen, voor zijn vuur nedervlijt [16]), zonder eenige andere bezigheid dan het rooken zijner pijp, en het uiten [17]) van eenige vriendelijke woorden, aan zijne honden gericht, die, even werkeloos als hij, op de plaat aan zijne voeten uitgestrekt, al blazende en snuivende het zalige der rust des te beter schijnen te genieten, nu zij die met hun gebieder en heer mogen deelen [18]). Een mensch, die zijne vorderingen [19]) op den levensweg gewoon is af te meten naar het aantal der door hem aangeleerde talen of uitgelezen [20]) boeken, kan zich van het genoegelijke van zulk een' toestand geen denkbeeld maken. Zoo iemand kan niet begrijpen dat er voor den menschelijken geest eenige andere werkzaamheid zou kunnen bestaan, dan schrijven of lezen. In onzen kapitein althans zou men zich zeer vergissen, indien

(†) *bodem* (bottom) is often used in the sense of a *ship*.

men daaruit, dat hij weinig las of schreef, zou willen opmaken [21]), dat zijn geest [22]) niet werkzaam was. Schrijven had hem altijd veel moeite gekost. Toen een zijner reeders zich eens beklaagde [23]) zoo zelden tijding van hem te krijgen, antwoordde hem de kapitein: Gij hebt goed praten [24]), maar gij moest eens zien wat het mij kost een' brief bijeen te krijgen. Voor ulieden, die den ganschen dag op uw kantoor zit te krassen [25]), is dat niets; ik zweet er altijd zoo van, dat ik er nooit aan denken kan, dan op zeer hooge breedten [26]). Gij moogt het gelooven of niet, maar zoolang ik nog beneden de 60 graden noorder- of zuiderbreedte ben, kan ik in mijne kajuit met de ramen open geen brief aan u (als het ten minste iets meer zal zijn dan een voddig kattebelletje) [27]) klaar krijgen, of de rok moet er bij uit.

Lezen ging beter. De kapitein had zelfs, voor een zoo practisch werkzaam mensch, veel gelezen; en nu, in zijn *otium*, las hij, in de winteravonden ('s zomers las hij nooit) ten minste anderhalf uur, zonder zijne oogen op te heffen. Van Kok, Vaderlandsch Woordenboek, had hij toch in één jaar, de halve A uitgelezen; dat zijn twee deelen [28]). Evenwel, menigeen zal het weinig vinden. En toch, zoo ik zeide, de geest van kapitein van Berkel was in het geheel niet werkeloos. Denken durf ik het haast [29]) niet noemen, omdat hij zelf het (misschien uit nederigheid) [30]) dien naam niet wilde geven; maar hetzij men het herinneren, herdenken, recapituleeren, of hoe ook, noemen wil [31]), zijn geest deed iets, daar kan men zich op verlaten [32]), en die werkzaamheid stelde hem in staat [33]), gansche uren achter elkander, onder zijne veranda te zitten, zonder eenige andere uitwendige bezigheid dan het ophalen [34]) en uitblazen van den rook uit eene enorme meerschuimer pijp, en het van tijd tot tijd bekijken van dezen inderdaad fraaien kop, om te zien hoe ver hij al was.

De kapitein was overigens, zooals zeelieden dit meer zijn, in huis zeer schikkelijk [35]), schoon [36]) somtijds wel eens wat bemoeiziek, vooral ten opzichte van het eten, gelijk hij ook, aan boord, den kok altijd geducht had nagereden [37]), maar met dat al [38]) de beste huisvader van de wereld. Slechts nu en dan, als hem het rechter been, waar hij eens een engelschen kogel [39]) in gekregen had, met verandering van weer, wat stak [40]), verloor hij die gelijkmatigheid [41]) wel eens, die hem anders kenmerkte [42]). Ook kon hij, ten opzichte van die onderwerpen, waaromtrent zijne opinie gevestigd was, niet gemakkelijk tegenspraak [43]) velen. De kapitein was, onder anderen, een verklaard voorvechter [44]) van het golvenstillend vermogen van de olie en — van de noodzakelijkheid der formulieren van eenigheid [45]) in de kerk. Het eerste was niet anders dan het gevolg eener veeljarige ondervinding. Het andere, schoon in een minder nauw verband [46]) met 's mans vak [47]), werd echter door hem daarop zeer vernuftig toepasselijk gemaakt.

Praat mij niet van uwe nieuwigheden [48]), zeide hij meermalen, wanneer hij iemand hoorde, die (zooals men gewoonlijk zegt) wat liberaal was op het stuk [49]) van godsdienst. Bewijs mij eerst dat ik op zee te recht kan, zonder kompas, en dan zal ik u toestemmen [50]), dat wij de formulieren wel kunnen missen. Een mooi ding, als gij den wegwijzer [51]) voor u hebt liggen, liever zelf op goed geluk in zee te steken! Den loods [52]) van boord te zenden, op een onbekende kust! Uwe oogen toe te doen [53]), als gij niet anders te doen hebt dan de kaart te raadplegen [54]), die anderen voor u gemaakt hebben, en waar alle bochten van de kust, alle ondiepten, alle stroomen, duidelijk op zijn aangewezen [55])!

[1]) little village of (where „of" is used in Engl. before geographical denominations it is omitted in Dutch). [2]) towering. [3]) trans-

formed. ⁴) ex-captain (*oud*, old, when used in this signification, does not take the *e*). ⁵) able-bodied seaman. ⁶) Mediterranean. ⁷) mate. ⁸) chief command. ⁹) to roam. ¹⁰) ship-owners. ¹¹) established. ¹²) domestic. ¹³) effeminate. ¹⁴) spoiled child. ¹⁵) to be bored. ¹⁶) to sit down at ease. ¹⁷) to utter. ¹⁸) to share. ¹⁹) progress. ²⁰) perused. ²¹) to conclude. ²²) mind. ²³) to complain. ²⁴) it is easy to talk. (Remark here the use of „*gij hebt goed*" ... followed by an Inf. comp. the French: *vous avez beau*...) ²⁵) to scribble. ²⁶) latitude. ²⁷) a scrawl, on a scrap of paper. ²⁸) volumes. ²⁹) scarcely. (The subst. *haast* means *haste*.) ³⁰) modesty. ³¹) please to call. (*willen* is often used in this way in Dutch). ³²) to feel assured. ³³) enabled him. ³⁴) to inhale. ³⁵) easy-going. ³⁶) though. (The adjective *schoon* means fair, beautiful). ³⁷) to control strictly. ³⁸) *met dat al*, nevertheless. ³⁹) bullet. ⁴⁰) to ache (literally to stab, to stick, to sting). ⁴¹) equanimity. ⁴²) to characterize. ⁴³) contradiction. ⁴⁴) champion. ⁴⁵) unity. ⁴⁶) connection. ⁴⁷) profession. ⁴⁸) innovations. ⁴⁹) on the subject. ⁵⁰) to grant. ⁵¹) guide. ⁵²) pilot (*loods*, a shed). ⁵³) to close. ⁵⁴) to consult. ⁵⁵) indicated.

W. J. HOFDIJK.

Een avond op de heide.

Wij wandelen op de heide tusschen Baarle en Tilburg, onder den rechtsban ¹) van het aloude dorp Alfen, en houden een breeden zandigen weg. Ziet gij daar het heuvelige veld met zijn bruingroene sprei ²), van erica's doorstikt ³), in de luwte, tusschen twee dennebosschen? — Daar willen wij afwijken ⁴) van de vermoeiende rulle ⁵) heibaan, en ons een poos ter ruste zetten, al is het ook, dat het late uur van den dag eerder tot spoed dan tot toeven ⁶) maant.

Hoe rustig is het hier, hoe lieflijk de ernstige eenzaamheid! Het scherpe licht van den hellen dag is verdwenen, en het gloeiend goud en het blinkend oranje, dat ten westelijken hemel begint uit te stralen, vloeit als eene fijne, roodkleurige adem over de heide, tint de hellingen [7]) der heuvels met een bijna doorschijnenden [8]) glans, en doopt de wazige [9]) toppen der blauwe, roodachtige dennen met een smeltenden purper- en goudgloed, die verhoogd wordt door de donkergrauwe duisternis, zich uitbreidende onder de ranke [10]) stammen daar beneden. Zelfs de steenen molen, daar op eenigen afstand vóor u, scherp zijn kantigen [11]) vorm en ranke wieken afteekenende tegen het groenachtig blauw der noordelijke lucht, verliest van zijne ruwheid, waar die teedere avondstralen hem verlichten.

Hoe prachtig is de harmonie in de natuur, en hoe wonderbaar tevens! De rauwe kreet van den reiger [12]), die er zijn' makker toeroept, schijnt, hoe vreemd ook, een eigenaardige toon, die bij de eenzaamheid van het oord, het geheimzinnige van dit avondlandschap behoort.

En middelerwijl is de gloeiende zonneschijf, allengs gedaald, nedergezonken, en heeft het stralend hoofd aan de kimme [13]) ondergehaald. Licht en schaduw zijn over de heide samengesmolten tot eene onzekere [14]) schemering, en de duisternis treedt buiten het dennebosch, om de gansche landstreek te overvleugelen.

Zwart wordt het woud, en grauw de heide, maar heerlijk helder welft zich [15]) nog de fijn-blauwe lucht daarover, en het westen biedt een nieuw, naamloos schoon schouwspel: de purperen dampen en violetkleurige wolken, met hunne tintelend helle zoomen [16]), zijn afgedreven [17]); het stralend avondrood is geslonken [18]) tot een donkeren, koperachtigen gloed; maar bijna te midden daarvan vertoont de zinkende maan heure [19]) bleek-gouden sikkel met zulk een tooverachtige [20]) werking, dat ge voor dit aanbiddelijk-stille, vriendelijk-rustige tafereel de prachtige avondroodflikkering niet terugvraagt.

En zoo ernstig is uw geest gestemd onder den invloed van den toon der natuur, en zoo verneembaar [21]) spreekt in uwe ziel het bewustzijn harer eeuwigheid, dat ge u geenszins ontzet [22]), wanneer ik u opmerkzaam maak op den aard van het landschap rondom u: — gij hebt u gelegerd te midden van een kerkhof [23]), en uwe zitplaats is een grafheuvel.

[1]) jurisdiction. [2]) surface: — literally: coverlet. [3]) embroidered. [4]) leave deviate from. [5]) rough. [6]) to tarry, to remain. [7]) sides. [8]) transparent. [9]) hazy [10]) slender. [11]) angular. [12]) heron. [13]) horizon. [14]) indistinct. [15]) to be vaulted. [16]) edges, borders. [17]) to float away. [18]) to shrink. [19]) poet. for *hare*. [20]) magic. [21]) audibly. [22]) to be terrified. [23]) a churchyard.

G. KELLER.

Tusschen Zweden en Noorwegen.

Wij verlieten [1]) de woning van den laatsten Zweedschen boer en trokken voort, altijd voort, berg over, wouden en dalen door en beken en watervallen langs, totdat wij tegen elf uren weder eene woning bereikten. Maar 't was geen gastvrije [2]) woning, waaruit de vriendelijke rookkolom [3]) opsteeg, de grazende kudde [4]) of de spelende jeugd ons bij de nadering verwelkomde. Het dak was ingestort onder de sneeuwbuien [5]); de schuren waren vergaan [6]), en de grond, die eens bouwland geweest was, lag als eene wildernis tusschen twee beken, die klaterend voortjoegen [7]) en de woestheid van het oord nog verhoogden.

Ik wil u niet met fictiën bezig houden, allerminst met alledaagsche; maar het is mijne schuld niet, dat mijne verbeelding mij die hoeve [8]) voorspiegelde [9]) zooals zij was, vijftig jaar geleden. Toen heerschte er welvaart en rijkdom:

getuige [10]) dat vijftal schuren, die nu ineengestort en met onkruid [11]) begroeid zijn. Toen was die wildernis een vruchtbare grond, en de onafzienbare [12]) bergvlakten leverden voedsel [13]) in overvloed op voor de kudden die er graasden, en het bosch gaf meer hout dan de strengste winter eischte [14]) om den huiselijken haard te verwarmen.

Maar om gelukkig te zijn wordt er meer gevorderd dan stoffelijke welvaart en zoo [15]) de bewoner en zijne gade tevreden waren met hetgeen akker en veestapel [16]) hun schonken, voor de zonen was de ouderlijke hoeve te eenzaam. Toen de knapen jongelingen geworden waren, trokken zij henen [17]) naar het zuiden, waar de arbeid zwaarder [18]) en het leven moeielijker was, maar waar menschen waren en bedrijvigheid [19]) en beweging. Zij keerden jaarlijks voor eenige dagen naar de eenzame bergstreek weder en verhaalden van het leven der maatschappij daarginds [20]), en telkens als zij vertrokken waren ontstond er groote leegte in het huis en hart der ouders.

Slechts Martha was bij hen gebleven; maar ook zij was niet ongevoelig [21]) voor die verhalen uit de samenleving [22]), en vaak [23]) benijdde [24]) zij de golven der beek, die voortjoegen en voortjoegen naar dat onbekende land, waar zij wel nimmer komen zou. En waarom niet? Trokken er niet jaarlijks gansche scharen [25]) van vrouwen en meisjes uit Elfdalen en Dalarne naar de groote stad; waarom zou zij zich niet bij haar voegen [26]? En als zij dat zich zelve afvroeg, terwijl zij de kudde [27]) bewaakte, die heinde en ver [28]) zich verspreidde over de vlakte, waar de kalme meren [29]) de wolkjes weêrspiegelden, en zij zag dan ook hare eigene beeltenis [30]) in die meren weerkaatst, dan gevoelde zij, dat Stockholm ook haar — misschien meer nog dan aan die anderen — geven zou wat haar hier ontbrak....

Nog leeft in Zweden's hoofdstad eene overlevering [31]) van

een kind uit de berglanden, wier schoonheid geen wederga [32]) had, die gevierd en bewonderd werd door allen. Zelfs de Koning ontbood [33]) haar aan het hof, waar zij in hare nationale dracht [34]) verscheen; en maanden lang sprak men in alle kringen van de schoone bergbewoonster. Toen verdween [35]) zij en niemand wist waarheen.

Als op de breede trappen [36]) van de Skeppsbro de lustige Dalkullar zich nederzetten en een oogenblik verpoozen [37]) van haar zwaren arbeid, dan mengt zich [38]) soms eene oude vrouw onder de groep, wier taal ook door haar gesproken wordt. En zij vertelt van de dagen dat zij aan 't hof [39]) kwam, en de Dalkullar luisteren spottend en ongeloovig naar haar gesnap [40]), totdat haar rusttijd verstreken is [41]): dan grijpen zij weder de raderen der booten, die tusschen Skeppsbro en Djurgården gestadig [42]) heen-en-weder varen [43]), en zij hebben hoogstens een woord van medelijden over [44]) voor de krankzinnige [45]) oude.

[1]) quitted. [2]) hospitable. [3]) column of smoke. [4]) sherd. [5]) snowfall. [6]) to crumble away. [7]) to rush onwards. [8]) a farmhouse. [9]) to represent. [10]) witness. [11]) weeds. [12]) endless. [13]) fodder. [14]) to require. [15]) if. [16]) stock (of cattle). [17]) they went away. [18]) harder. [19]) activity. [20]) yonder. [21]) insensible. [22]) social life. [23]) often. [24]) to envy. [25]) troops. [26]) to join. [27]) flock. [28]) here and there — in all directions. [29]) *een meer*, a lake; *de zee*, the sea. [30]) image. [31]) tradition. [32]) parallel. [33]) to send for. [34]) costume. [35]) to disappear. [36]) a step — (*een trap*, means also 1° a staircase and 2° a kick). [37]) to repose. [38]) to mingle. [39]) court (the same word is used in the sense of a garden). [40]) chattering, bable. [41]) has passed. [42]) constantly. [43]) to ply. [44]) to spare. [45]) old maniac.

TRANSLATION OF SOME OF THE PROSE PIECES. [1]

W. A. VAN REES.

THE DEATH OF AN HONEST SOLDIER.

No day went by, without the commandant's visiting the hospital. He was anxious to show that the sufferings of his brave soldiers were not indifferent to him; anxious to make sure that those that had given proofs of holding their lives so cheap for the glory of the country, wanted nothing, now that their lives were at stake. He used to bring some tobacco and some cigars with him for the convalescents, and those little presents were welcome indeed, but what there was much more gratifying still, were the kind, compassionate words of their chief, which would sound so melodiously into the ears of the patients.

Of course the cot of honest Verkest was never passed by the major, without his exchanging a few words with him; the question "Is there anything I can get for you?" was generally answered with the modest request: "A packet of cigars, please!" This was not for his own use—*he* was not allowed to smoke—" but to give it to those

---

[1] English translation by Miss E. Hoogvliet.

good boys who took care of him so well." Still, the commandant's wife would now and then hit upon something which the patients liked, and many a dish prepared by herself—dainties which in establishments for the general benefit cannot *possibly* be served out—found its way out of the kitchen of the resident's house to the hospital. It stands to reason that she did not forget Verkest; on the contrary, she got up something for him *every day*.

And yet, notwithstanding the excellent care taken of him, the patient grew worse day by day; alas! there no longer remained any hope to save him.

One day Verkest sent word to the major (by a hospital soldier) telling the former that he should wish to see him. As a short time afterwards the major entered the hall in which Verkest was being nursed with some fifty other patients, he was struck by the extraordinary stillness which reigned there, a melancholy stillness, which is respected by natives as well as by Europeans.

Nobody uttered a word. The only thing which might be heard, was the moaning of Verkest. There he lay, poor man! sitting half up in his cot, which by the care of his comrades had been furnished with a white curtain. There he lay, suffering and dying, as might easily be seen, but calm and resigned as ever.—Some young soldiers, likewise patients, were standing around him at some distance, ready to satisfy his wishes at a single word, at a sign. One of them was continually waving fresh air to him with a fan, another held a cloth in his hand to wipe at intervals the perspiration from his forehead; a third stood ready with a spoonful of water, to refresh him. The lamp at the side of his cot had been covered with a cloth so that the light might not trouble him.

Compassion, care, grief were depicted on everybody's face.

Nay, from the eyes of some to whom he had just addressed some kind words, there even burst tears. It was affecting to see, how those "rough fellows" surrounded their comrade with cares; a mother could not have nursed her child any better, indeed! And if the contemplation of a mother's grief at her child's deathbed be heart-rending, the tears of "soldiers" at the deathbed of a loved comrade penetrate no less to the soul. On his seeing the major approaching his cot, Verkest's countenance brightened up for a moment, he held out his hand to his chief and said with a distinct voice, which, however, was softened by weakness and now and then broken: "I thank you, major, for having come—I was sure of it, for you are not indifferent to a soldier. I am glad to see you yet for a moment, for I should very much like to take leave of you. —I feel that all is over; I shall not see another day."— "You should not speak in this manner, Verkest! You are very ill, indeed, but the case is not a hopeless one, is it? Never give up courage! You must live."—"No, no, indeed, major! I feel *too* well that I am at the end; moreover, I gathered as much from what the doctor said. And besides, the day on which I entered this house, I knew already that I should be carried out of it—Never mind! A soldier should not fear to die—and I don't want sufficient courage, I daresay."

The last few words were accompanied by a gentle smile, as much as to say: "Courage *never* failed me."—This was the exact truth.—"Then, do you want me to send for a missionary, to whom you may talk a little?"

"Oh, no! major! Never mind about a missionary. I only wanted to see *you;* and if *you* tell me, that I can go in peace, this will be a sufficient comfort to me.—I have done wrong things in my life indeed," he continued after a pause—" I have been young and certainly I did things sometimes that I ought not to have done—but I have never injured anyone *on purpose*.—They were such little sins as I hope may be forgiven—I enlisted early and —you know this, major!—temptation is strongest *then*. But nevertheless, I always did my duty as a soldier, I always endeavoured to satisfy.—And if *you*, who have known me so long and who know so well what a soldier is, if *you* tell me that you are satisfied with me, I may go quietly into Eternity."

" But, Verkest, do you still doubt of my being satisfied with you? You are the very *best* soldier under my commands; you were an example to everybody that served with you or made your acquaintance; you always did your duty with more conscientiousness than anybody else. And if I were not contented with such a servant as *you* have been, I should have to be more than unjust. Nay! if it be a comfort to you to receive the assurance that you have always performed that which you were called on to perform I tell you solemnly—may God be my witness—that I never saw a more faithful, a firmer or a better soldier than you are. —You may part with this world in peace; *there* on high you shall certainly be accepted in grace, for *here* you duly fulfilled your task as a soldier, and as a man, likewise, you were always an honest fellow."—And to convince him of the sincerity of his words, the major once more pressed his chilly hand.—" Why, major! Then I shall go in peace ; *you* say so—and so *I* do believe—God will take me with him—I thank you very much, indeed, for having come to bring me this last comfort."—After a silence of a few seconds he resumed :

"I have another request to you—you will surely grant me that likewise."

"Tell me what, Verkest!"

"If you would write to the burgomaster of Nieuwvliet and tell him, how I remained here and died for my country as a good soldier. That will give pleasure to my relatives and friends down there, and they will be able to think of me with pride still." .... Here his voice gave way for a moment, and his eyes grew moist.—"For," he continued, in a more calm tone, "when I went away, major, it was not all right with me: I was going wrong a little, so that they must have thought there, sometimes, that I should not end well. When they hear now that I have behaved well, and that the chiefs were satisfied with Verkest, the people in the village will hold my name in honest memory."

"I give you my promise, Verkest! If you should die, I shall write nothing but good about you to the burgomaster."

"Why, major! Then I go in peace. Remember me once more to my mistress (your wife) and the children and thank the mistress for her interest in me—and for the good services she rendered me—God bless you and your family!"

All Verkest had said, had been uttered with a serious voice, but at the same time in the most natural tone of the world and with great calm. And still when he was silent and closed his eyes with fatigue, nothing was heard but the sobbing of the young soldiers. No more could the older ones restrain their tears and even the major was unable to keep back his.

It was quite a family scene, this "father of the soldiers" sitting on the edge of the cot, hand in hand with one of his dying sons! These rough soldiers, some even with bronzed and emaciated faces, deep scars and half-closed wounds, weeping like children at the deathbed of a brother

A scene which one would certainly not expect in a field hospital! And yet, so it was; this officer and these soldiers, who had made each other's acquaintance in the heat of the battle-field, were not ashamed to give way to their feeling.

On opening his eyes once more, Verkest saw nothing but the loving looks of deeply afflicted comrades.

"Come, boys! Don't cry because a comrade dies! I go in peace—I am very grateful to you—for having nursed me so well; during my illness you have assisted me as true fellows."—He stretched out his hand to his comrades each in turn, and each in turn his comrades brokenhearted, with their heads turned aside, advanced to press that hand.

Once more he caught his chief's and said: "Good-bye, major. Remember Verkest sometimes!—Good-bye!"— "Good-bye, honest fellow! God bless you!"—An hour later Verkest went asleep, gently and calmly, never to awake again.

DE OUDE HEER SMITS.

(Lindo.)

Who is he?

His "entrée de chambre" is faultless. His toilet is elegant. His "frisure" leaves nothing to be desired. He speaks French exquisitely and in his whole bearing there is something which betrays a modest consciousness of his own merits, of which we ought not to disapprove in a man who knows himself to be a master in his profession. The ladies always receive him with pleasure. He knows all the news about town and has seen the latest fashions in Paris. He treats the gentlemen, especially the elder ones, with a kind of haughty indifference, which testifies to his independence; as to the ladies, on the contrary—a ball, an evening-party or a concert would cause them unmitigated sorrow, but for him.

His visits are never too long and he plays the leading part, as long as he chooses to remain—so that husband and father are obliged to make way for him.—He is a master in the art of making himself an object of longing, by keeping the ladies *waiting* for him (not in an exaggerated manner, however) and by pretending that his visit to *one* lady is a sacrifice of another to please *her*.

Nevertheless, this does not lead him to show a foolish preference for the one or the other, which course might procure him enemies. He knows the heart of woman and is perfectly aware that the *sincerity* of his compliments will be less considered than their *number*. What he makes use of to-day to flatter the fair blonde will do to-morrow, when he visits her aged aunt; he speaks of his rivals with a kind of contempt, which reveals the consciousness of his own power and he is stricken with a most convenient blindness to the faults of the present company, though he lets it appear pretty clearly that he has very well noticed those of others. He does not allow prejudices of rank or riches to dazzle him; he is on visiting terms at all houses indiscriminately where he sees any profit for himself; he is as much at ease with the court-lady as with the wife of a middle-class man. To the latter he is fond of relating—and how eagerly he is listened to!—many things about his visits in the fashionable world and there again the sly traitor will allude with profound contempt to the pretentions of the middle classes; pretentions, dear reader, at which we are all scandalized, ain't we? and which we don't encourage by our example no, never! never indeed!

Thus he becomes a much courted personage and to some even an indispensable man.—If he is expected and stays away, the disappointment is greater as a rule, than the unforeseen absence of the most esteemed guest at our parties. His little attentions, his officiousness, his innocent flattery, make him a general favourite with the ladies, and if they laugh at him behind his back, this is only because they won't admit, how indispensable he has become to them.

My dear young friends! you who have just entered the world and don't know, how to behave so as to get on in it, you who know, how clumsy and awkward you are, you who feel the compliments you want to deliver sticking in your throat as well as your beard, you who nevertheless are inspired with the noble desire to shine in the fashionable world, you who (however well-educated you may be) have not yet acquired the right tone of conversation, you who lack the gift of speaking about trifles with becoming solemnity, take him that I have depicted to you for an example! Then you shall be saved! Try to equal him in talkativeness, in appearance, if possible, and above all in want of character and you shall not only be a wished for guest in all circles, but moreover (and this should be your ideal), you shall become a general favourite with the ladies, without having a single enemy amongst the most sensible men.

Don't believe either that I have presented to you a fictitious paragon; I have not sketched an ideal; he whom I have depicted to you is a real, living man of flesh and blood; he is ready to be an example to you as well as to so many others—I shall send him to you to-morrow—he is ... our hairdresser.

H. CONSCIENCE.

Return from the french Boarding-school.

About half an hour before the train was due, a woman almost old was standing all alone on the platform of the railway-station; she was neatly dressed, with an expensive lace cap on her head and a cloak made of fine cloth enveloping her body. It might, however, sufficiently be seen that she was a woman of the middle classes, wearing her Sunday clothes, who (for this reason no doubt) had taken to be prepared for bad weather, an extraordinarily big umbrella with her.

The heart of Mrs. van Roosemael (for it was she) beat with motherly tenderness; she was about to embrace her dear Siska, about to hold the dear child in her arms, and to enjoy without delay the compensation for all the quarrelling, all the sorrow and all the difficulties she had struggled through in order to let her child have a superior education. What joy will this be to her! Hark, there the iron monster whistles at a distance!—From all sides and corners railway-functionaries are running on, or creeping from warehouses and sheds. The metallic voice of the monstrous waggon changes, as if by witchcraft the station, still as death a moment before, into a busy plain and amidst the din of voices, shouting and crying... the monster stops.

Now the mother's bosom begins to throb more impatiently;

the happy moment is near at hand. The old woman places herself near the outlet of the station and scans with accuracy the faces of all the women that are running past her. Very soon the cabs hasten to town each in turn, the awkward omnibuses close the train and in less than a few minutes the iron horse has been stabled, the functionaries have crept back to their dens, the travellers have disappeared and the station is plunged once more into its former silence. Old Mrs. van Roosemael sees the gate close; sadness oppresses her bosom; a painful sigh escapes her breast... She has not seen Siska. Nevertheless she keeps her place there, as if a secret power bound her to the gate, and perhaps she would have long remained plunged in sad reverie, if she had not observed at a great distance a young woman near a cab.

Could that be her Siska? Impossible! It is a rich lady! Her dress, made of reflecting and " changeant" silk, leaves a large part of her neck uncovered. True, a "fichu" of gauze makes believe to cover it, but *does* not. At each movement she makes, long curls dance around her cheeks; from her expensive hat gaudy feathers are waving; her hand holds a tiny sunshade; fifteen boxes of all possible shapes and two large trunks are lying at her feet; it is *not* Siska.

These are Mrs. van Roosemael's observations and the thoughts which cross her agitated mind. Suddenly the young lady makes a sign of impatience to the old woman and thus allows her to see her features better.—Heavens! it is her Siska. Behold! the old rigid-limbed mother leaps forward like a young girl, two tears burst from her eyes, a bright laugh shines on her face, she opens her arms and cries with touching gladness: "Oh, Siska, my child!" It seems that the name of Siska makes the

young lady ashamed: she blushes. But this blush soon vanishes, and she advances two steps towards her mother. The latter is about to throw both her arms around her child; but lo! the frenchified daughter does not like to make herself a spectacle to the bystanders. She catches her mother's hand, holds it firmly and prevents the embrace. Then she says: „Good afternoon, mamma! How do you do? And papa?... Take care, you are treading on my boxes... I have been waiting for you here half an hour."
— Were these words hard or improper? Perhaps they would not have been so in other circumstances, but now they pierced the loving mother's heart like so many knives. Indeed, were these the words which Siska ought to have spoken after a whole year's absence?... Not a single kiss, not a pressure of the hand for her who, three years at a stretch, had lived in continual warfare with her husband, in order to please Siska, for her who had fixed all her hope in getting a return of her love from her only child! It could not but be painful to her, this heart-rending, this formal meeting, for the poor woman suddenly covered her face with both her hands and burst out sobbing in a paroxysm of tears.—However, all natural feeling was not to that degree deadened in Siska that she could witness her mother's grief without compassion; on the contrary, her good character prevailed. She embraced her mother and kissed her on both cheeks with a passion, which was all the stronger inasmuch as it had been brought forth by a violent emotion. The old woman felt comforted and blest. She held her child pressed to her bosom and looked into her eyes with eager glances. „Oh, Siska, dear Siska!" she repeated, trembling with emotion.

C. E. VAN KOETSVELD.

The *rentier* of the Village.[1]

A little while after my arrival at Mastland, *one* more was added to the limited number of gentlemen and of dress-coats.... a *rentier*; and as he does not fall in any way under our ordinary village classification, I am forced to consecrate a separate chapter to the description of his person. If my little book should have the honour of coming into the hands of many town readers, they will be sure to ask: " Is a *rentier* such an important individual, or is it the author's only purpose to fill his book?" — " Yes, reader, he *is* an important individual, amongst us, that is to say."

Well then, the value of most things depends on their rarity. Pebbles and potatoes differ from diamonds and pine-apples principally by their *number*. Where *you* live, especially in the large commercial towns, are people enough and gentlemen in abundance. A man of independent means there is somebody who is in your way whilst you are diligently at work. At most you deem him useful considered as a watering-can, as a means to change one large quantity of money into a great many small ones by scattering it

---

[1] In this piece I have frequently made use of the French word *rentier*, there being no equivalent in English.

about; or, like the dog Munito, to occupy silently a place at the chessboard or at the card-table. For the rest he has no vote in business matters. Indeed, there exists a natural antipathy between a man of means and a commercial town. Activity and expensiveness are two complaints which are indigenous there, and to which he has a dreadful aversion. It is for this reason that a lot of emigrants of this kind pass through the town-gate every spring against May, and are scattered far and wide.

It is but very rarely that one of these wanderers comes by chance to our parts. *Rentiers,* looked upon as birds of passage, are inclined to *rove* in order to kill, in this way, their greatest enemy, Time, with united force. So, where some of them are (by preference at a village well situated and where things are cheap — or at a miniature town) the others follow as a matter of course.

It was to our great astonishment therefore that, in the spring of 1839, a carriage stopped in front of our common hall, laden with a *rentier*. He had heard (I don't know how) that at our village a neat, plain house was to be let where some time ago, an old and solitary country-gentleman, the only *rentier* of the place, had died; and he was not disinclined to continue the same "business" in this house, if it suited him. The heirs, who were at a loss what to do with a house without a shop or a dairy, were very much pleased with this plan and Mr. Duifhuis bought the house at a moderate price, though it would have cost him still less, no doubt, if the matter had been arranged by an intermediary person and the *rentier* had remained behind the scenes.

But I should make you somewhat better acquainted with the former history of our man, as I have learned it, at different periods from good sources.

Adrianus Duifhuis (a celebrated name!) is a man of respectable descent. His parents were well to do, and his misfortune is that he has known this too early. His simple mother was so wrapt in her only little son, so afraid that he should expose himself to needless sufferings that she reminded him at each work he was doing: " Dear Janus, don't exert yourself too much! You need not do it 'for a living' you know, my boy!"—Now, if Janus had been a sluggard, he wouldn't have chosen any profession and might have lived easily and luxuriously on his parental inheritance.

But this went against the grain with him; nor did his father wish it. As a youth he fixed his choice on the study of Medicine, but Latin Grammar was anything but easy and pleasant to him and " as it was not necessary that he should do it 'for a living,'" he applied himself to this study as little as possible. Moreover, his father asserted that a physician should learn how to cure patients not by speaking Latin, but by practice and exercise, and Janus became a student at the Academy, without anybody's knowing quite well how he could have got there. He was there a good " patriot" indeed, but an indifferent medical man, and only as the arrival of the French decided the political questions, he began to understand, what a lump of difficulties he had still to struggle through, before he could become " Medicinae Doctor". And notwithstanding the most sincere inclination to this profession, he gave it up (after one or two trials to pass his exam.), because ... " it was not intended to be his living ". There was nothing lost indeed. His mother had even been afraid of infection from the side of his patients, to whom one need not expose oneself " if it was not necessary", and his father soon got him a situation which, though not being lucrative, was honourable all the same. Here he felt quite comfortable and his republican views made him fulfil his duties with ardent zeal. But affairs took another turn; our native country was incorporated with the French empire; Duifhuis, whose parents had died meanwhile, could not get on very well with his French and he tendered his resignation, since he was not bound to fulfil an office any longer than he himself "thought fit". After this he ventured on trade; he did not fall short of diligence in this branch, but he had too little knowledge of it and, moreover, he could not get accustomed to the much engaged life and the cautious manner of intercourse of the commercial class; but then, why should he? he was a man " of means ". So he was always late at 'Change, continually incurred enemies amongst merchants on a larger scale, and at length had nothing left but worthless goods and unpaid posts.

But where was the use of regular trade? *Speculation* was much nicer indeed, if it was not one's purpose " to earn a living by it ". Unfortunately this brought him in contact with some sly rogues of the Exchange, who were very good hands at flattering his political views. So he speculated in stocks and was on the side of Greeks, Columbians, Cortes and all kinds of liberals, for he easily *believed*, what he *hoped*. Unfortunatety Liberty is a bad financier and Duifhuis began to see, only just in time, that, though as yet he were not obliged to *do* anything for his living, it was very necessary, however, he should *leave something undone* for it. So he scraped together the remains of his capital and looked about for a quiet and little visited nook of our country, since his recent adventures had inspired him with a strong aversion to all that bears the name of *townsman*. And this aversion is so deep·rooted in him that, when my good uncle John, whom he does not know at all, comes at our village, his curtains are drawn close all the day.—When I had learned all this, I was rather astonished that, after having passed from one hand to another like a key which will not fit on any lock, he should still look so bright and corpulent as to make people suppose him to be ten years younger than he really is. But as soon as I got into closer acquaintance with him, I knew that he owes this in addition to a settled and regular health to his self-love. He has never over-exerted, hardly exerted himself at any work and, what is more than this, he has never imputed his misfortunes to himself, but always to circumstances.

Violent passions have never agitated him, especially after his first republican zeal had been calmed a little. He has never been very fond of money, nor ever suffered any want. And taking all things together, he has never rowed against the stream but always allowed himself to float down with it, until his little boat has landed here.

W. J. HOFDIJK.

An evening on the Heath.

We are walking on the heath between Baarle and Tilburg (under the jurisdiction of the ancient village of Alfen) where we are following a broad and sandy road. Do you see yonder in the shade, between two forests of fir-trees, the hilly field, with its brownish green surface embroidered with heather? There we are going to deviate from the wearying, rude heath-road and sit down a while to rest, albeit the late hour of the day may rather urge us to hurry on than to tarry. How calm it is here! How lovely is the earnest solitude! The sharp light of bright day has disappeared; the glowing gold and shining orange which begin to throw out their rays at the western sky, flow like a subtle, ruddy breath over the heath, paint the slopes of the hills with an almost transparent lustre, and pour out over the hazy tops of the reddish blue firs a glow of melting purple and gold, which is enhanced by the deep grey darkness spreading under the slender stems beneath.

Even the stone mill yonder at some distance before you, sharply marking out its angular shape and slender sails against the greenish blue of the northern sky, loses something of its rudeness where those tender evening rays illumine it. How splendid is the harmony of nature and how wonderful at the same time! The piercing cry of the heron, calling to his mate, seems—however strange this may appear—a peculiar note which belongs to the loneliness (filiation of ideas) of this region, to the mystery of this evening landscape!

And in the meanwhile, the glowing orb has gradually sunk and lowered its beaming head beneath the horizon. Light and shadow are merged together upon the heath into an indistinct twilight, and darkness spreads beyond the boundaries of the fir-wood to encompass the whole landscape.—Black grows the wood and grey the heath, but the clear blue sky is still vaulted over it enchantingly bright, and the west offers a new, namelessly beautiful scene; the purple vapours and violet clouds with their sparkling bright borders, have floated away; the beaming evening red has shrunk to a dark copper-coloured glow, but almost in the midst of it, the sinking moon displays her sickle of pale gold with such a magic influence that for this spectacle so charmingly still and lovely and quiet you would not exchange the splendid glittering of the evening red.

And the influence which the tone of this scenery has upon you makes you feel in such a serious mood; the voice which speaks of your soul's Eternity is so distinctly audible in your heart, that you are noways terrified when I call your attention to the character of the landscape around you; you have rested yourself in the midst of a churchyard and your seat is... a grave-mound.

C. BUSKEN HUET.

A STEP-MOTHER.

"I should have liked it much better, if there had come a house-keeper. A new mamma! What's the use of it?" — "But, Anna, remember of whom you are speaking! Papa knows better than we what is good for us and for others." — "Papa is right, Kitty; quite right, I admit that. But mamma?" — "How can you be so silly! If papa had not proposed to mamma, she could never have become our mamma, could she? It's not mamma's fault, indeed, that papa preferred her to a house-keeper? To have a house-keeper is not so very nice either." — "Nevertheless I'd rather have a house-keeper than a step-mother."

In this way two girls of twelve and fourteen were chatting whilst going to bed. They were the eldest of some six or seven half-orphans, both boys and girls, whom Anna (the eldest of all) tried by any means in her power to superintend. Two years ago the mother had died, a former servant had been placed at the head of the household, dishonesty and negligence had necessitated her dismissal, the father's business matters did not allow his taking care of everything himself; an aversion to paid house-keepers, half ladies, half servants (as they generally are) had made him desirous of a second marriage. This marriage had recently taken place.

A few days ago the young wife had entered on her difficult duties and we learn from the dialogue between the two children that "neither the smell of roses nor moonlight" ¹) could be said to render the task here undertaken, poetical.

The first week of the honeymoon had not quite elapsed before pleasure was at an end already. Kitty was manageable and docile from the very beginning, but Anna, on whose humour depended so much, cost her step-mother many a sigh and a good deal of hidden tears. She was a good child of an excellent natural disposition, but so much wrapt in the memory of the deceased as to make her blind to the cares her second mother had bestowed on her and to the sacrifices made by the same. Neither the kind attentions of the latter nor her father's rebukes, nor the reproofs of her younger sister, nothing seemed capable to win her. The step-mother always remained—in her estimation—a stranger, who had come to encroach on her rights as the eldest daughter, on her prospects as sole regent in her father's household.

Girls between fourteen and fifteen, when they are bent on doing wrong, are the most hard-hearted of all creatures. Still "boyish" enough to have a game at marbles, or to spin a top, with their brothers, at dusk and when the weather is showery, they are at the same time trained in unsearchable vexations far above the comprehension of boys. They put a heavy yoke on the servants, especially on the errand-girl, who is hardly sixteen herself. This yoke they even cause to weigh (if circumstances make them deem this advisable) on their fathers and mothers too. Their ingratitude is unbounded, their egoism fathomless,

---

¹) A proverbial expression in Dutch.

their touchiness unreasonable, their obstinacy immovable, their passion unbridled.

But this difficult age, this "bilious" period of the young girls, does not last. It is only a period of transition.

Hardly four years have elapsed and the well-meaning ones amongst them are quite changed: Then you are introduced to "my eldest daughter, who has been confirmed this spring", and you can't understand, how she has got so charming:—Is this the same individual whom at a former visit you saw rushing out of the room indignant at some insignificant remark, whom you heard slamming the door and running up the stairs sobbing, and about whom the mother told you "that she was such a difficult child to manage"?

Such was the case with Anna.—She has not awaited her eighteenth birthday to repent. For some time, either long or short, she has felt what she owes to her stepmother, but she has never understood this better than on this moment. And not she only, but the whole family. A kind, rational household government has taken the place of the two years' interim. Although the band of children has been increased with another little brother and another little sister, the new mother has not, on this account, become more sparing in her acts of kindness and love to the first-born children. Anna now admires this self-abnegation hitherto never understood. Not without terror she reflects how much she herself has contributed to put this heroism to the test. This thought is an ever recurring inducement to her to make amends for the past and efface its memory. Kitty and herself seem to have closed an alliance and to have sworn (is not every pure heart an altar and every holy purpose a vow made at that shrine?) to shame, once for all, the traditional prejudice against step-mothers.

CHRESTOMATHY

POETRY, WITH ENGLISH TRANSLATION

BY Miss E. HOOGVLIET.

P. A. DE GÉNESTET.

Zachtheid.

Schoonste deugd van schoone zielen,
Liefste trek in 't lief gelaat,
Mannentrots en hartstocht knielen
Waar ge uw vriendlijke oogen slaat.
Zachtheid is de kracht der zwakken
Is haar schepter en haar zwaard,
't Bloempje, dat een zucht zou knakken
Beeft en buigt — en blijft gespaard.

Zachtheid zal den dwingland leiden:
In het heiligdom der trouw
Heerscht onmerkbaar en bescheiden
De almacht van de stille vrouw,
Haar gebod ruischt als een bede
En haar wenken is gebod;
Voor haar voeten dauwt het vrede
En haar zonen zegent God!

P. A. DE GÉNESTET.

Gentleness.

Most beloved, dearest virtue,
Which enhances beauty's glow,
Passion, manly pride are daunted
Where thy kindly glances go.—
Gentleness upholds the feeble,
Is their sceptre, sword and shield,
Saves the flowers a breath might ruin
When they bend their heads to yield.

Gentleness disarms the tyrant—
In the union closed for life
Reigns with subtle power and hidden
A forbearing gentle wife.
At a gesture all obey her,
Her command sounds like a prayer,
Peace pervades her homely circle
And God sends his blessings there.

P. A. DE GÉNESTET.

Gemis.

Toen ik hem daaglijks sprak en zag,
Dat vriendlijk oog, dien milden lach,
  Beminden wij elkander;
Toch hield ik, zoo verbeeldde ik mij,
  Iets meer van menig ander;
Van jonger vrienden, dwaas en vrij,
Vol opgewonden jong gevoel,
Want hij was kalm en scheen wel koel
  .....Maar nu de vriend mij is ontvallen,
Nu voel ik 't aan mijn lange smart,
Nu klaagt, nu weet mijn eenzaam hart:
  Hem had ik 't liefst van allen!

P. A. DE GENESTET.

Gone.

We loved each other well, as day by day we met,
I liked his genial smile, his eyes so kind and mild;
Still (as I *then* supposed) I loved *some* better yet:
Companions young and gay, enthousiasts, daring, wild....
....For *he* was calm and might be thought e'en *cold*....
But now that he has gone from me for e'er
Now that I feel a pain my soul can hardly bear
Now to my bleeding heart at last the truth is told:
—"You loved *him* most of all."—

Wat is het leven?

Naar het Engelsch van ***.

Ik vroeg 't een man, dien smart ternederboog,
Wiens lot ik las in 't somber, starend oog;
Hij peinsde een wijl en sprak toen droef, maar vast:
„'k Verkies den dood. Het leven is een last."

Ik vroeg 't een jongling, in wiens blijden lach
Men 't onbezorgd gemoed weerspiegeld zag.
Hij zeide: „'t Is eens dichters gulden droom."
En ging toen juichend voorwaarts met den stroom.

Ik vroeg 't een grijsaard; met een zwaren zucht
Gaf hij 't gevoel van diepen weemoed lucht:
„'t Is is zijn schoonsten vorm een woeste, ontemb're zee.
Zij voert met spoed naar de eeuwigheid ons mee!"

Ik vroeg 't mijzelf. Een stem sprak stil en zacht:
„Waardeer het leven. 't Is nog in uw macht!
Het is een rijke gift, die God u geeft!
Die haar misbruikt, verdient niet, dat hij leeft."

What is life?

By ***.

I asked a man of sorrow and of tears
Whose looks told anguish pressed him more than years:
He mused a while and then distinctly said:
"Life is a burden! Would that I were dead."

I asked a youth whose cheerfulness of mien
Bespoke him happy in this active scene,
He answered: " 't Is a poet's golden dream,"
Then, leaving me, rushed forward with the stream.

I questioned Age; it heaved a heavy sigh
Expressing volumes. This was its reply:
"Life is at best but a tempestuous sea
Which fast rolls onward to Eternity!"

I asked myself. A voice appeared to say:
"Beware you value it, while yet you may,
't Is a rich gift thy God bestowed on thee,
Abuse it not. 't Were better not to be."

Plotseling sterven.

DOOR

A. DES AMORIE VAN DER HOEVEN.

't Is wreed, wanneer de dood traag sluipend aangeslopen,
Den lijder in zijn huis met vreeze kwelt en hopen
   En tienmaal dreigt die eene slag.
't Is vreeslijk lid voor lid, het lichaam af te sterven,
En maanden, jaren lang deez' aard te moeten derven,
   Eer men deez' aard verlaten mag.

Maar vreeselijker nog, en meerder nog te schromen
Is ons de vorst des doods; als hij zijn nader komen
   Verborgen houdt voor ons gezicht;
En met een tijgersprong, ons aan den keel gevlogen
Eer wij zijn vuurblik zien, zijn trekken kennen mogen,
   Verwinnend op zijn offer ligt.

Want schoon w' in 't einde moeten zwichten
't Is grootsch en 't past den mensch nog eens zich op te richten,
   Den vijand onder 't oog te zien.
Met onverschrokken moed het afgevergde leven,
In d'uiterst ademtocht vrijwillig op te geven;
   En wat hij eischt hem aan te biên.

En daar zijn banden, die wij langzaam willen slaken,
Wij bouwden tenten om ons woningen te maken,
   Wier pennen vast geworteld staan.

En gruwzaam is de pijn, wanneer zijn dorre handen
Met onverzienen ruk ons scheuren uit die banden,
   Het dak ons op het hoofd doen slaan.

En daar zijn zonden die wij langer wilden boeten,
En schuldenaars die wij de schuld vergeven moeten
   En één die ons in 't schuldboek heeft.
Wien wij reeds jaren lang vergeving moesten vragen,
Wij stelden telkens uit en spraken alle dagen,
   Wij immers leven, en hij leeft!...

En wat is 't leven anders, dan gereed staan om te sterven,
Te wacht staan op een post, waar duizend kogels zwerven,
   Te stromplen met onwisse voet,
Op 't pad, dat achter ons wegbrokkelt, tred voor trede,
En ons in d'afgrond stort met elke nieuwe schrede,
   Die straks ook ons verzwelgen moet.

O! Strengelt niet te vast uw handen saâm en harten,
Gij! gij, die sterven gaat!... dat d'onvoorziene smarten
   U niet ondraaglijk mogen zijn.
En sla uw tent niet op, als waar ze een vaste woning,
Wacht hem aan d'ingang af, dien onverbeden koning,
   En spreek: zie mij, en al het mijn!...

Geen schuld blijft onverzoend, en onbeweend geen zonde.
Vertrouw u aan den slaap, op d'onverstoorbre sponde
   Niet zonder avondbede toe.
Opdat te middernacht hij tot u in dorst dringen,
Een heilge Englenwacht uw slaapstee moog' omringen
   En minder wreed hem worden doe.

Bemin alleen wat blijft, alleen wat blijft heeft waarde,
Het God'lijke in den mensch, het hemelsch op deez' aarde
   't Onsterflijke in den sterveling.

Denk, wil en werk wat blijft, wat eens de dood aan 't leven
Gelouterd en beproefd met winst zal wedergeven
    Als goud, dat door den smeltkroes ging.

Sterf, eer gij sterven moet, vrijwillig alle dagen;
Voorkom uw weerpartij, wiens komst gij niet vertragen,
    Wiens arm gij niet ontwijken kunt.
Verwacht hem ieder uur, die ieder uur kan komen,
En zij elk oogenblik als uitstel aangenomen,
    Als winst, die u zijn traagheid gunt.

Misschien, wanneer gij lang en rustloos hebt gezworven,
Misschien, wanneer uw hart der zonde afgestorven,
    Reeds bij uw schat daarboven is;
Uw geest deez' aard te groot, zich pijnlijk voelt beknellen,
Misschien dat ongeduld u elken dag doet tellen,
    Vol droeve kwelling en gemis.

Want enklen zag ik, van die weldra zijn bezweken,
Wier bleek bestorven wang en mond wel scheen te spreken:
    Hoe vreeslijk snel en onverwacht!...
Maar bij wien 't kalm gelaat, de glimlach op de kaken,
't Zacht toegeloken oog, en 't rustig voorhoofd spraken:
    Wees welkom, 'k heb u lang verwacht!...

A sudden death.

From the Dutch

OF

A. DES AMORIE VAN DER HOEVEN.

When Death is gently coming near,
   With slow, but certain tread,
When we quiver with hope or are harassed by fear,
   When the dying are living-dead.

't Is dreadful, but more cruel yet,
   When, with his weapon keen,
The foe by whose watchmen our path is beset,
   Swoops down on his prey unforeseen.

For though at length we *must* give way,
   We ought once more to rise,
To *offer* to Death what he took for his *prey*
   And confront him with open eyes.

And we are loth to break our ties
   And leave our homes, so dear....
But—the poor wretched mortal is stricken and dies
   In terrible suffering and fear.

We should do penance for our guilt
  Ask pardon and forgive—
But the task, long deferred.... it remains unfulfilled,
  "*He* lives" we protest "and *we* live."

But what is life?.... A watch for Death,
  Whom we can never shun,
Each moment may find us with faltering breath,
  Each minute our race may be run.

Be ever, ever on thy guard,
  Expect the awful king,
And oh! do not cling, though the struggle be hard,
  To the love of an earthly thing.

Bewail thy faults this very day
  And expiate thy sins.
Lest death come unlooked for, be watchful and *pray*,
  Before night with its horrors begins.

Love only things that shall endure,
  That shall not pass away
Love only the good, and the noble and pure,
  Which for ever and ever shall stay.

Prepare for death! His mighty hand
  Makes all resistance vain
In vain is the strife with his conquering band,
  Each hour of delay is but *gain*.

Perhaps, when after ramblings long,
  The charm of earth is gone,

When thou hatest to mix with the frivolous throng
   Thou canst gladly see death coming on.

For *some* I saw whose snow-white cheek
   Might have betokened fright,
But whose heavenly smile seemed distinctly to speak:
   I *hail* thee, thou messenger bright!

P. A. M. BOELE VAN HENSBROEK.

Aan Bianca.

HOOGLIED IV : 7.

Ja, 'k heb van u gedroomd bij 't rustelooze strijden,
    In 's levens wilde jacht;
Den lauwer wenschte ik slechts om hem u toe te wijden;
    Uw reine beeltnis gaf mij kracht.

Uw oog zag 'k in de zon als zij heel de aard omgloeiend
    De bloemen bloeien deed;
Uw stem klonk in den wind, die 't rozenperk doorstoeiend
    Mij koelend om het voorhoofd gleed.

Zoo 'k aan mijn zijde u zag, hoe licht was mij dan 't streven;
    Hoe rijker ware 't loon,
Straalde in uw fieren blik de poolstar van mijn leven,
    In uwen liefsten lach mijn kroon.

Kom, mijn geliefde! kom; gun aan het rustloos harte
    Gelegerd aan uw borst,
Der weelde zoetsten droom, als in haar liefdesmarte
    Mijn ziel naar uwe kussen dorst.

To Bianca.

CANTICLES IV: 7.

From the Dutch

OF

P. A. M. BOELE VAN HENSBROEK.

Yes, 't was of *thee* I dreamt, whilst toiling, wrestling ever
   In the wild race of life;
If e'er I strove for fame; for *thee* was my endeavor,
   Thy spotless image urged me onward in the strife.

I *saw* thee in the sun, when, throwing out its splendor,
   It nursed the flowers with light,
I *felt* thee in the wind, when with its kisses tender,
   It touched my burning brow and made it cool and bright.

If thou wert by my side, my courage were undaunted.
   How great were my reward,
If thy proud, mighty glance the dearest promise granted,
   Or thy most radiant smile on me its blessings poured.

Beloved maiden, come! My bosom, passion-riven
   Fain at thy heart would rest,
Bestow the greatest boon for which my soul has striven:
   Thy kisses, thine embrace can make me tenfold blest.

Een lied van bloemen.

DOOR

D. DORBECK.

Geef mij bloemen om mij henen,
    Bloemen met hun frisch gewaad,
Nu mijn jonkheid is verdwenen —
    En toch 't hart zoo jong nog slaat!

Laat de roos mij tegengeuren
    Naast de zilvrende jasmijn:
Laat de gulden krokos-kleuren
    Mij een bô der lente zijn;

Laat een krans van nachtviolen
    Zwieren door mijn lokken heen.
En mijn geest terug doen dolen
    In het zaligste verleên.

Vul mijn bekers en mijn vazen
    Met den schoonsten roof der gaard,
Waar de bietjens 't liefst op azen,
    En de vlinder 't meest om schaart.

Laat ze gluren door heur bladen;
    Laat ze zwellen uit heur mos,

En 't albaster overladen
Met heur weelderigsten dos.

Laat ze geuren, laat ze gloeien,
   Wierook wolken door mijn cel —
En mijn ziele als overvloeien
   In het kleur- en geurenspel.

Spel? — Neen, bonte hofgespelen!
   Ook in 't porcelein gegaard,
Blijft ge levende juweelen
   Uit de groene kroon der aard;

Blijft ge starren, hel van stralen,
   Over de aarde rondgespreid;
Wierookvaten, offerschalen
   Van des Heeren heerlijkheid.

Ja — doorstroomt mij met uw geuren,
   Met uw glanzen, met uw gloed:
Om mijn ziele omhoog te beuren.
   En mijn Schepper aan den voet.

Uit den donder spreekt Zijn sterkte;
   Uit den nacht Zijn Majesteit;
Uit de bloemen, die Hij werkte,
   Liefde tot in eeuwigheid.

A song of flowers.

From the Dutch

OF

D. DORBECK.

Give me many flowers around me,
   Flowers in their fresh attire;
Though my youth is quickly fading
   In my heart is youthful fire.

Let the roses spread their odours
   Near the jasmine silvery white,
Let the crocus tell of spring-time
   With its cups so golden-bright!

Let a wreath of pretty violets
   With their splendour deck my hair,
Let them lead my spirit gently
   To the blissful days that *were*.

Fill my goblets, fill my vases
   With the garden's fairest spoil
Found where butterflies are clustering
   And the bees by preference toil.

Let them peep from twigs and foliage
   Bursting forward from their moss,

Let them crown the frail albaster
   With their brilliancy and gloss.

Let them smell and glow and glitter,
   Clouds of incense in my cell,
Let my soul expand, rejoicing
   In the bond of hue and smell.

Oh! my flowers, though pent in vases
   Severed from your place of birth,
Ye to us are living jewels
   Taken from the crown of earth.

Ye to us are stars of brightness,
   Covering earth with life and light,
Incense-vessels, giving honor
   To our Father, high and bright.

Fill me with your blissful odor
   With your glittering, with your glow,
Lift me up to the Creator,
   Then before him, bend me low.

Storm and Tempest speak his power
   Starlit skies his Majesty,
But the flowers, which he created
   Endless Love and Charity.

Example of a Dutch newspaper-article.

ENGELSCHE KRONIEK.

Een zomerachtige winter. — De groote brand te
Londen. — Betaling van straat- of plaatsnamen in telegrammen.

Hebben wij in Nederland dit jaar niet over strenge koude te klagen, is het hier een slecht jaar voor de baanvegers [1]), in Engeland is het klimaat deze winter zóó mild en zacht, dat men begint te denken, dat de kou Engeland geheel vergeten heeft. Er kan gezegd worden, dat herfst en voorjaar [2]) elkaar de hand reiken.

De direkteur van de *Standard* meldt in zijn blad, dat een zijner lezers hem in een kistje wat boschaardbeien [3]) heeft gezonden, door die lezer zelf in een beschut plekje nabij het dorp zijner inwoning geplukt [4]). In het Oosten van Engeland was de temperatuur op het midden van de dag (in Januari) soms 56°; terwijl, hoewel nachtvorst in geringe mate op veel plaatsen voorkwam, op andere plaatsen de thermometer nooit minder dan 8° F. boven vriespunt stond. Aan de geheele natuur is het te merken dat het jaargetij zoo zacht en warm is: vlinders [5]) zijn nauwelijks een zeldzaamheid te noemen, rozen en sleutelbloemen [6]) bloeien in de open lucht en er zijn spreeuwen [7]), die zóó in de war [8]) zijn, dat zij al aan het broeden zijn gezien.

Maar Januari is nog in het land en het is misschien voorbarig [9]) nu reeds deze winter een zachte te noemen.

Zooals we reeds vermeld hebben, is het onderzoek naar de oorzaak en omstandigheden van de groote brand te Londen afgeloopen. De jury heeft uitgemaakt [10]), dat de brand moedwillig [11]) door een onbekend persoon gesticht moet zijn, daar de plotselinge en hevige wijze waarop het vuur in de voorraad [11]b) mantels uitbrak, in verband met het feit dat eenige minuten vóór het uitbreken nog geen brandlucht [12]) was waar te nemen, er op wijzen dat geen der gewone toevallige oorzaken aanwezig kan geweest zijn.

Een zware verdenking [13]) viel op de heer Skelch, een van de deelhebbers [14]) in de firma Curdlar en Skelch, in wiens magazijnen de brand ontstaan is. De heer Skelch was eenige minuten vóór het onheil [15]) in de kamer geweest, waar de brand uitgebroken is. Bij het onderzoek [16]) bleek, dat terwijl de brand op 't hevigst woedde [17]), de heer Skelch naar een naburig restaurant was gegaan, daar zijn lunch had genuttigd [18]) en daarna naar zijn advocaat was gegaan en aan deze had medegedeeld, dat aan de krediteuren aangezegd moest worden, dat zij, met het oog op de schade door de brand veroorzaakt, toegevendheid in het doen van hun eisch van betaling moesten gebruiken.

Hieruit werd afgeleid, dat de firma insolvent [19]) kon zijn, wat een reden zou opleveren waarom een vernielende brand niet onwelkom zou wezen. Een onderzoek van de boeken van Curdlar en Skelch deed echter zien, dat de firma in staat was haar schuldeischers te betalen, hoewel de zaak niet in een bloeiende toestand verkeerde [19]b). Het magazijnboek, waaruit de brandwaarborgmaatschappijen opmaakten, hoe groot de verbrande hoeveelheid goederen was, is echter ook door het vuur vernield en werd niet in de brandkast gevonden, terwijl het oordeel van de getuigen [20]) over de hoeveelheid aanwezige goederen bij de brand zeer uiteenliep [21]).

Door het bewijs dat de firma Curdlar en Skelch niet insolvent was, heeft echter de zaak een geheel ander aanzien gekregen en heeft de jury beslist dat de brand door een onbekend persoon gesticht moet zijn. Met deze beslissing [22]) is de zaak echter niet afgeloopen en nu zal de justicie het onderzoek voortzetten om te trachten te weten te komen wie deze misdaad bedreven heeft. Het muisje van de brand zal wel blijken een heel lang staartje [23]) te hebben.

De heer Henniker Heaton heeft er onlangs de aandacht op gevestigd, hoe willekeurig de bepalingen zijn op de betaling van het telegrafiesch overseinen [24]) van geografische benamingen. Sommige plaatsnamen hebben het voorrecht verkregen als één woord betaald te mogen worden, terwijl andere voor twee of drie woorden gelden. Zoo moet de ongelukkige, die een telegram naar „*De Vere Gardens*" afzendt, drie woorden voor de plaatsnaam van het adres betalen, terwijl *Llanarmon-Dyffryn-Ceirog-Ruabon*, dat toch werkelijk zulk een gemakkelijk woord niet is voor de telegrafist, slechts als één woord gerekend wordt. Zoo is *Here Boy* één woord, maar telt *Herne Hill* voor twee, is *King's Cross* te Halifax één woord, maar *King's Cross* te Londen twee; „*non delivery*" wordt betaald als één woord, „*short delivery*" als twee.

Hij stelt daarom voor, hetzij alle aardrijkskundige benamingen als één woord te rekenen, hetzij, zooals in Australië het geval is, het adres geheel vrij van betaling te stellen.

---

[1]) scavenger, sweeper (on the ice). [2]) spring. [3]) strawberries of the woods. [4]) gathered. [5]) butterflies. [6]) primroses. [7]) star-

lings. ⁸) to be mistaken. ⁹) rask, inconsiderate. ¹⁰) decided. ¹¹) wantonly, maliciously. ¹¹b) stock. ¹²) burnt-smell. ¹³) suspicion. ¹⁴) associate, participant. ¹⁵) disaster. ¹⁶) research, disquisition. ¹⁷) raged. ¹⁸) taken (eaten). ¹⁹) non solvent. ¹⁹b) found itself, was. ²⁰) witnesses. ²¹) was widely different. ²²) decision. ²³) *het muisje heeft een staartje* („the little mouse has a bit of tail") prov. the insignificant event turns out to be of some consequence. ²⁴) to telegraph (over).

SOME PECULIAR DUTCH EXPRESSIONS WITH THEIR EQUIVALENTS IN ENGLISH.

De godganschelijke dag.	The livelong day.
Uit eigen beweging.	Of one's own accord.
Dat spreekt vanzelf.	That stands to reason.
Ik kan er niet tegen.	It does not agree with me.
De prijs is ƒ 60 (alles inbegrepen).	The price is £ 5 (all found).
Op gespannen voet.	At daggers drawn.
Ik ben benieuwd, — (of *hij* het is) —.	I wonder—(if it is *he*)—.
Mooi zoo! Daar heb je je verdiende loon!	A good job too! Serves you right.
Pak je weg!	Be off with you!
Hij maakte zich uit de voeten.	He made himself scarce.
Ze betalen elkaar met gesloten beurzen.	They are on mutual terms.
Het heeft slot noch zin.	It has neither rhyme nor reason.
Een buitenkansje.	A stroke of good luck.
Ten einde raad.	At one's wit's end.
Jaar in, jaar uit.	From year's end to year's end.
Het staat in de krant.	It says so in the newspaper.
Ik ben doodaf.	I am quite knocked up.
De gebaande weg.	The beaten track.
Een ui tappen.	To crack a joke.
Iemand een kwaad hart toedragen.	To bear ill will against a person.
Zoete broodjes bakken.	To eat humble pie.
Ze kunnen nauwlijks rondkomen.	They can hardly make both ends meet.

Hij draait er om heen.	He beats about the bush.
Hij raakte aan den drank.	He took to drinking.
Ik ben het volkomen met u eens.	I quite agree with you.
Ik heb het land.	I am out of sorts.
Dat doet er niet toe.	That does not matter.
Hij is er slecht aan toe.	It is hard lines with him.
Zijn mond houden.	To hold one's tongue.
Met kunst en vliegwerk.	By hook and by crook.
Op den duur.	In the long run.
Om kort te gaan.	To make a long story short.
Op de koop toe.	Into the bargain.
Het stuit me tegen de borst.	It goes against the grain with me.
Iemand een oorvijg geven.	To box one's ears.
Het zit in de familie.	It runs in the family.
Zich bedenken.	To think better of it.
Daar zit 'em de kneep.	There's the rub.
Wat is hier te doen?	What's up here?
Verliefd worden op...	To fall in love with...
Pas op!	Take care!
Maak een beetje voort!	Look sharp, please!
Voor iemand in de bres springen.	To take up the cudgels in a person's behalf.
Blijf bij de zaak!	Keep to the point!
Iets uit zijn hoofd kennen.	To know a thing by heart.
Wij zijn met ons tienen.	We are ten.
Hoe leg je dat aan?	How do you manage that?
WAT je zegt!	You DON'T mean to say so.
Hij heeft gelijk.	He is right.
„ „ ongelijk.	„ „ wrong.
In het wilde.	At random.
Een wit voetje bij iemand hebben.	To be in a person's good books.

Ik ben in de war.	I am at sea.
Hij zit er warmpjes in.	He is well to do.
Hij is de koning te rijk.	He would not call the king his cousin.
Hij is een bolleboos in 't dammen.	He is a good hand at draughts.
Koek en ei met iemand zijn.	To be hand and glove with a person.
Nu laat i de aap uit de mouw komen.	Now he shows his cloven foot (lets the cat come out of the bag).
Hij geeft zich uit voor een genie.	He sets up for a genius.
Die regel gaat niet op.	That rule does not hold good.
Op en top een *gentleman*.	Every inch a gentleman.
Ik krijg er kippevel van.	It makes my flesh creep.
Een neef in de derde graad.	A cousin to the third remove.
In het holste van de nacht.	In the dead of night.
Verstoppertje spelen.	To play at hide and seek.
Blindemannetje.	Blindman's buff.
Stuivertje wisselen.	Puss in the corner.
Haasje over. (Bok, bok, sta vast)!	Leap-frog.
De lucht is betrokken.	The sky is overcast.
De deur staat op een kier.	The door stands ajar.
Die zaak liep heelemaal mis.	That affair was an utter failure.
De bedrieger bedrogen.	The biter bit.
Hij had zich de gebeurtenis niet erg aangetrokken.	He was not very much cut up by the event.
Het schip verging *met man en muis*.	The ship was lost with *all hands on board*.
Wel! heb ik ooit!	Well! I never!

Hij is erg kras voor zijn jaren.	He carries his years exceedingly well.
In 18 honderd en... zooveel.	In eighteenhundred and... ever so much.
Mijnheer... „dinges".	Mr.... „what's his name."
De tafel afnemen.	To clear away.
De tafel dekken.	To lay the cloth.
Over het hoofd zien.	To overlook.
Gave God.	Would to God.
Ten voeten uit.	Full length.
Hij lachte, dat i schudde.	He split his sides with laughter.
Een verzuim goed maken.	To make up for a neglect.
Uit alle macht.	With might and main.
Och! Loop heen met je mooie diamanten.	A fig for your nice diamonds!
Onder de pantoffel zitten.	To be a henpecked husband.
De baas over iemand spelen.	To lord it over a person.
Het hart op de tong dragen.	To bear one's heart upon one's sleeve.
Hij geeft er niets om.	He doesn't mind a straw.
Daar heb je de poppen aan 't dansen!	There you have the devil to pay!
Het gelag betalen.	To pay the piper.
Doe de groeten aan Mevr. D.!	My kind regards to Mrs. D.!
Hij is aan den drank.	He is addicted to liquor.
Het horloge is vóór.	The watch is fast.
„ „ „ achter.	„ „ „ slow.
Hij maakte haar het hof.	He paid his addresses to her.
Op één na de mooiste kamer.	The next best room.
Net van pas.	In the nick of time.
Iets op zijn duimpje kennen.	To know a thing at one's fingers' ends.

Op vrije voeten.	At large.
Veel geschreeuw en weinig wol.	Much ado about nothing.
Op slot van rekening.	After all.
Ik zag hem voor een dominé aan.	I took him for a clergyman.
Nu, wat zou dat?	What then?
Hij zette het op een loopen.	He took to his heels.
De huid verkoopen voor de beer geschoten is.	To reckon one's chickens before they are hatched.
Ik ken die twee niet uit elkaar.	I don't know which is which.
Hij zei, al wat hem op 't hart lag.	He had his say out.
Dat is een kolfje naar zijn hand.	That is „nuts" to him.
Het spijt me...	I am sorry for it...
Dat gaat jou niet aan.	That is no business of yours.
Alles ligt daar holder-de-bolder door elkaar.	All is at sixes and sevens there.
Kleur bekennen.	To follow suit.
Van de hand in de tand.	From hand to mouth.
Ik heb geen geld terug. ⎫ „ „ „ klein geld. ⎬	I have no change.
Je kunt er staat op maken.	You may depend upon it.
Ze kunnen het best samen vinden.	They can get on very well together.
Het ging niet alles van een leien dakje.	It was not all plain sailing.
Weet je ook soms...	Do you happen to know...
Uitgaan om een luchtje te scheppen.	To go out for an airing.
Hij kreeg zin in het meisje.	He took a fancy to the girl.
Voor dag en dauw.	At daybreak.

Iemand de mantel uitvegen.	To give a person a piece of one's mind.
Ik kan er geen touw aan vastknoopen.	I can make neither head nor tail of it.
Mej. K., ten huize van Mevr. P.	Miss K., c/o Mrs. P.
Zijn intrek nemen in een hotel.	To put up at an hotel.
Hij wil overal het fijne van weten.	He wants to get at the bottom of everything.
Hij doet aan schaatsenrijden.	He goes in for skating.
De wilde haren zijn er bij hem nog niet uit.	He has not yet sown his wild oats.

In the following pages the English columns are not intended to give *equivalents* for the Dutch expressions, but only to explain their *meaning*.

Om de haverklap.	Very often, with short intervals.
Voor een appel en een ei verkoopen.	To sell at a very low price.
Op zijn elf en dertigst.	Arranged very neatly and precisely.
Met lange tanden eten.	To eat reluctantly.
Hoog en droog.	Safely and comfortably settled.
Te hooi en te gras.	Sometimes, but not at regular periods.
Een appeltje voor den dorst.	Savings to be used in time of need.
Dat zal 'em geen windeieren leggen.	He will find this business a profitable one.

Een man uit één stuk.	A man of a firm character, with decided opinions.
Dat muisje zal een staartje hebben.	This event, apparently of no great importance, will have great consequences.
De sop is de kool niet waard.	The subject is not worth the discussing.
Een katje om niet zonder handschoenen aan te pakken.	A sharp girl.
De hand aan de ploeg slaan.	To set to work with energy.
Spijkers met koppen slaan.	To take decisive measures.
Een „ouwe" (oude) vlam.	A lover or beloved one of the past.
Lood om oud ijzer.	About the same.
Voor geen klein geruchtje vervaard.	Not easily scared, far from shy or timid.
Al zijn kruit verschieten.	To make use of all one's advantages on an opponent, at one moment.
De appel valt niet ver van den stam.	The son proves to be much like the father.
Iets op de lange baan schuiven.	To defer a thing over and over again.
Hij mag een potje breken.	Being a favorite, he is allowed to do something wrong, without being much scolded.
Boven zijn theewater zijn. Te diep in 't glaasje gekeken hebben.	To be drunk, intoxicated.
Er is een van de vijf bij hem op de loop.	(Meaning one of his five senses) He is crazy.

Bot vangen.	To call on a person who is not at home.
Hij weet wel waar Abraham de mosterd haalt!	He is a sharp fellow, he is no simpleton!
Mijn werk haalt niet bij het uwe.	My work is nothing to yours.
Daar is geen kruid voor gewassen.	There is no remedy for that evil.
Hij gaat van de hak op de tak.	He changes abruptly of subject, without any connecting link.
Lachen als een boer die kiespijn heeft.	To laugh without inclination to laugh.
't Is om uit je vel te springen.	It is exceedingly aggravating.
Hij timmert niet hoog.	He is far from clever (rather stupid).
Je hebt nog 60 ct. van me te goed.	I owe you still a shilling.
Een doekje voor 't bloeden.	A kind remark or a flattering one, uttered to prevent some observation which one has made before, from hurting the person to whom one is speaking.
Aan lager wal.	Poor and miserable (having been well to do before).
Dat is je neus voorbijgegaan.	You have missed this profit, which you were sure to get.
Een zaak in 't reine brengen.	To disentangle a complicated business.
Het is in de pen gebleven.	It has remained undone (though the intention to do it, existed).

Het hoofd loopt me om.	I have so many things to attend to, that I can hardly think properly.
Ergens zijn neus insteken.	To meddle (to interfere) with another man's business.
Het neusje van de zalm.	The very best, the very finest.
Zijn neus ergens voor optrekken.	To judge a thing below one's notice (to think a work too mean or low to be done).
Zijn mond voorbijpraten.	To commit oneself, to say things one would rather have left unsaid.
Ze is niet op haar mondje gevallen.	She dares to say a great many things.
Geen mond opendoen.	To keep silence.
Iemand onder den duim hebben.	To have perfect authority over a person.
Iets door de vingers zien.	To connive at a thing.
Als je hem de vinger geeft, neemt i de heele hand.	If you allow him a small favour, he will expect you to give him everything.
Iemand op de vingers kijken.	To watch a person closely, whilst doing his work.
Met de hand op het hart.	Honestly, sincerely.
Geen hand uitsteken om iemand te redden.	To refrain from any effort to save a person.
Het ligt voor de hand.	It is easily to be understood, to be concluded from what has been said before.
Hij is mijn rechterhand.	He is my principal support.
Iemand een hart onder de riem steken.	To encourage a person, to cheer him up.

Hart voor iets hebben.	To be engrossed in a thing (especially a work); to like it very much.
Het hart zonk hem in de schoenen.	He lost all courage.
Een oog in 't zeil houden.	To be on the alert, to watch.
Oog voor 't schoone hebben.	To appreciate the beautiful.
Uit het oog verliezen.	To lose sight of.
Ik zat er voor spek en boonen bij.	I was there, without being taken any notice of (my presence was of no consequence).
Lange vingers hebben.	Te be dishonest (to steal).
Tusschen servet en tafellaken.	Between child and woman.
Hij heeft zijn koetjes op 't droge.	He has saved enough money to be able to leave business.
Van een mug een olifant maken.	Te exaggerate. To make a fuss about a trifle.
Er gaat een dominé voorbij.	There is an awkward silence in the company.
Hij heeft een blauwtje geloopen.	His proposal of marriage has been rejected.
De pot verwijt de ketel, dat i zwart ziet.	A man reproaches another with the very defects he has himself.
Een wissewasje.	A complaint of very little importance.
Spijkers op laag water zoeken.	To look for drawbacks, where there are none to be found.
Ze leven als hond en kat.	They are always quarrelling.
Een duitendief.	A man who is fond of money (who is in a fair way to become a miser).

Op de penning.	Rather miserly.
Een „water en melk" roman.	An insipid, tedious novel.
Iets op een goedkoopje doen.	To manage a thing in a way that requires little money to be spent.
Veel vieren en vijven maken.	To make much of a thing— To make a fuss.
Iemand uit den droom helpen.	To make a person aware of his error or his mistake.
De schoorsteen moet er van rooken.	It is wanted for providing a livelihood for the family.
Het is boter aan de galg gesmeerd.	It is an utterly useless effort.
Ze gaan met de kippen op stok.	They go to bed very early.
Het gaat hem voor de wind.	He is a lucky fellow; he is successful in his enterprises.
Op een oor na gevild (col.).	Nearly ready.
Je ziet er uit, alsof je je laatste oortje versnoept hebt.	You look quite miserable (lit. as if you had spent your last farthing).

A few Dutch proverbs, which have equivalents in English.

De laatste loodjes wegen het zwaarst.	It is the last straw that breaks the camel's back.
Gedane zaken hebben geen keer.	It is no use crying over spilt milk.
Goede wijn behoeft geen krans.	Good wine needs no bush.
Wie het onderste uit de kan wil hebben valt het lid op de neus.	Who dainties love, will beggars prove.

De kleeren maken de man.	Fine feathers make fine birds.
Wie 't kleine niet eert, is 't groote niet weerd (waard).	Take care of the pens and the pounds will take care of themselves.
Willen is kunnen.	Where there is a will, there's a way.
Al rijdt de leugen nog zoo snel, de waarheid achterhaalt haar wel.	Murder will out.

Milton Keynes UK
Ingram Content Group UK Ltd.
UKHW020622050324
438776UK00006B/1008